PAUL DUVERT

PAR

ÉLIE BERTHET.

2

PARIS,
PASSARD, LIBRAIRE-ÉDITEUR,
9, RUE DES GRANDS-AUGUSTINS.

1848

PAUL DUVERT.

A LA MÊME LIBRAIRIE.

LE PRINCE
FRANCISQUE

Roman historique entièrement inédit,

PAR

FABRE D'OLIVET,

7 magnifiques volumes in-8₀ (*complet*). Prix : 52 fr. 50 c.

Cet ouvrage n'est pas seulement un roman, c'est aussi une histoire. Le récit des événements, la peinture des caractères, la physionomie des personnages, en recevront un nouvel intérêt, et sauront réunir au charme d'une action dramatique et passionnée, l'attrait plus sérieux qui s'attache à des faits réels, authentiques, et dont l'exactitude est prouvée. C'est sur les Mémoires mêmes laissés par le prince Francisque Rakotzi, sur les écrits des personnages contemporains, sur les pièces officielles existant dans les chancelleries de France et d'Allemagne, que l'auteur a travaillé. — Le lecteur pourra donc le suivre avec confiance jusqu'à la fin du livre ; c'est là qu'il trouvera, suivant l'habitude contractée par l'auteur dans ses précédents ouvrages, les extraits des nombreux et intéressants documents qu'il a consultés, et il pourra juger par lui-même de la fidélité du récit.

L'AMOUR, LES FEMMES ET LE MARIAGE,

PENSÉES DE TOUTES COULEURS

Recueillies et publiées par Adolphe RICARD.

1 vol. in-12 de 400 pages. 3 fr.

CRÉTÉ, imprimeur à CORBEIL.

PAUL
DUVERT

PAR

ÉLIE BERTHET.

2

PARIS,
PASSARD, LIBRAIRE-ÉDITEUR,
9, RUE DES GRANDS-AUGUSTINS.

1848

CHAPITRE XVIII.

XVIII

Cependant le soleil était couché, et aucun bruit ne se faisait entendre encore du côté du maquis. Madame Bianchi avait repris son poste d'exploration à la fenêtre, et son agitation allait toujours croissant.

— Ma tante, murmura Thérésa avec désespoir, en se rapprochant d'elle, il est donc vrai? Si, par bonheur, notre ami échappait au danger de ce combat, il serait arrêté, emprisonné comme un criminel, jugé, condamné peut-être? Oh! c'est affreux!

— Oui, c'est affreux! répéta la vieille dame; ces collets jaunes vont faire manquer le duel, et l'occasion de le recommencer ne se présentera peut-être plus! Une si belle vengeance, que j'ai mis vingt ans à préparer!

— Ma tante, reprit Thérésa, suivant toujours son idée, pendant que madame Bianchi était exclusivement préoccupée de la sienne, si nous envoyions quelqu'un pour prévenir les adversaires?

— Y pensez-vous, mademoiselle? dit sa parente en la regardant fixement. Mais il faut que ce duel ait lieu... il le faut... et nous pouvons espérer encore. Mais qui vient là? demanda-t-elle brusquement en entendant quelqu'un marcher dans le corridor.

Thérésa courut vers la porte, espérant déjà voir de retour celui qu'elle attendait; c'était Charles Labeccio, pâle, défait, et s'appuyant contre la muraille pour pouvoir marcher. Mademoiselle Bianchi fut émue de pitié et s'avança pour soutenir le pauvre malade; mais la tante ne put réprimer un mouvement d'humeur.

— Eh bien, monsieur Duvert, demanda-t-elle, est-il sage de quitter votre chambre? Que désirez-vous? Une affaire grave nous occupe, et...

— Excusez-moi, madame, dit Charles d'une voix faible et en se laissant aller sur un siége, j'ai profité du moment où la femme qui me garde s'était endormie... Je voulais vous voir, vous parler... Oh! mon Dieu, est-il temps encore d'éviter un grand malheur?

— De quel malheur parlez-vous? dit madame Bianchi d'un air de mépris. Croyez-vous que ce soit un malheur pour un homme de cœur de risquer noblement sa vie dans une cause qui intéresse l'honneur de son nom?

— Mais si celui qui dans ce moment peut-être expose sa vie pour cette cause n'y était réellement pas intéressé?

— Que signifie, monsieur, une telle plaisanterie?

— Cela signifie, madame, que votre parent, le fils de votre frère, celui à qui revenait de droit le soin de cette vengeance, le véritable Charles Labeccio enfin, est là devant vous, et que celui qui s'est chargé de soutenir cette querelle est un étranger, un ami de votre malheureux neveu.

— Vous mentez! vous mentez! s'écria impétueusement madame Bianchi; ce jeune homme a encore le délire de la fièvre, continua-t-elle avec un calme affecté en s'adressant à sa nièce.

— Et cependant, ma tante, il vous a dit vrai, murmura timidement Thérésa.

— Quoi! vous aussi, vous osez soutenir... Mais c'est impossible... Pourquoi cette substitution? comment cet autre jeune homme aurait-il accepté par pur dévouement?...

— Cette substitution, madame, dit Charles avec mélancolie, avait pour but d'empêcher que l'éloignement que vous avez malheureusement ressenti pour moi dès la première vue, n'altérât votre pitié envers mon père menacé d'une ruine prochaine.

— Et monsieur Paul Duvert, ajouta la jeune fille à demi-voix, s'est jeté dans cette périlleuse entreprise parce qu'il m'aime, et parce que je le lui ai ordonné.

La vieille dame les regarda tous les deux avec des yeux flamboyants.

— Vous un Labeccio ! s'écria-t-elle en s'adressant à Charles ! Vous, le descendant de tant d'hommes de résolution et de courage ! Non ! non ! cela n'est pas ; ou si vous êtes réellement de cette noble famille, vous l'avez déshonorée, car vous êtes un lâche !... Oui, un lâche ! car vous avez souffert qu'un autre exposât sa vie pour vous, qu'un autre employât le mensonge pour vous acquérir des avantages dont vous étiez indigne !...

— Ma tante, avant de m'accabler du poids de votre colère et de votre mépris, songez à la position affreuse dans laquelle je me trouvais, songez à la maladie subite.

— Que m'importe maintenant cette vengeance! reprit madame Bianchi avec agitation, sans l'écouter, que m'importe que le sang de notre ennemi soit versé, si ce n'est pas Charles Labeccio qui l'aura fait couler? Je ne puis accepter le dévouement de cet étranger; s'il venait à succomber, il nous laisserait des remords à tous... Non, je ne dois pas souffrir que ce duel ait lieu; il faut envoyer quelqu'un au maquis, engager ce jeune homme à revenir... et laisser sur le nom de Labeccio une tache qui ne pourra jamais être lavée.

—Vous vous trompez, madame, dit Charles avec chaleur; obtenez que ce combat soit remis... avec des soins, la maladie qui m'accable cessera bientôt peut-être, et alors je me jetterai bravement en avant pour défendre l'honneur de mon nom, je vous le jure ! mais empêchez que ce duel ait lieu aujourd'hui, empêchez que Paul Duvert ne puisse être la victime de son courage.

— Eh bien, dit Thérésa, puisque c'est moi qui, dans un moment d'exaltation et de folie, ai poussé ce jeune homme dans cette terrible affaire, c'est à moi de l'en tirer... Je vais me rendre au maquis... j'appellerai, je crierai, il reconnaîtra ma voix, et peut-être...

Une détonation lointaine et qui se prolongea au milieu du calme de la campagne, lui coupa la parole.

— Il est trop tard ! dit madame Bianchi en frissonnant.

— Il est mort peut-être! s'écria Thérésa en tombant à genoux ; mon Dieu ! ayez pitié de lui !

Un long et solennel silence suivit cette exclamation; tous les assistants prêtaient l'oreille pour saisir le bruit d'une seconde explosion du côté du maquis, mais ils n'entendirent pas autre chose que le cliquetis des verres et les rires des gendarmes dans la pièce voisine.

— Oui, l'un des deux adversaires a succombé, dit enfin madame Bianchi lentement ; on n'a tiré qu'un seul coup.

— Il est donc vrai, murmura Charles avec désespoir ; cette fatale étourderie aura-t-elle eu de si terribles suites? Thérésa, Thérésa, pourquoi n'avez-vous pas laissé partir mon malheureux ami ?

— Espérons encore, dit la pauvre fille, qui peut-être elle-même n'espérait plus.

— Et dire, s'écria madame Bianchi avec une sorte de rage, que la mort de l'un des deux adversaires, quel qu'il soit, aura été inutile pour l'honneur de notre nom! Vous devrez compte du sang versé gratuitement par votre faute, Charles Labeccio!

— Charles Labeccio! voilà notre affaire, dit une voix avinée dans la cuisine; allons, camarades, laissons là les verres... C'est pour le bien du service. Notre homme est arrivé.

En même temps, Sénèque et ses hommes tout chancelants et à demi ivres entrèrent dans la salle en traînant pesamment leurs armes. Le caporal s'approcha de Charles, le regarda un moment, et partant d'un éclat de rire, il dit à ses camarades:

— Hein! comme ça vous a une mine, les hommes qui viennent de faire un mauvais coup! Voyez comme il est blanc! oh! ceux-là je les reconnaîtrais entre mille, moi! Cependant celui-ci n'a pas l'air méchant; c'est un homme comme il faut; aussi du respect et de la convenance, si c'est possible. — Ah! ça, jeune homme, continua-t-il, en s'adressant à Charles tout ébahi, nous avons donc tué Marliani? Le vieux coquin était un peu dur, n'est-ce pas? Allons maintenant, mon petit ami, il ne faut pas trop vous faire prier... vous allez nous suivre, n'est-ce pas? nous irons doucement, je vous le promets. Vous conviendrez, madame, ajouta-t-il en se tournant vers madame Bianchi, qu'on ne peut pas mettre plus de politesse à la chose?

Madame Bianchi semblait parfaitement indifférente au sort de son neveu, et elle ne dit pas un mot pour expliquer aux voltigeurs corses ce malentendu. Charles était si surpris de ce qui se passait qu'il savait à peine ce qu'on lui voulait. Mais Thérésa, voyant les agents de la force publique se préparer à porter la main sur lui, s'écria spontanément :

— Arrêtez! messieurs, ce n'est pas Charles Labeccio,

Arrêtez! répéta le facétieux Sénèque en riant le premier de son calembourg, je ne demande pas mieux. Pour ce qui est de dire que celui-ci n'est pas Charles Labeccio, c'est une *couleur!* N'ai-je pas entendu la respectable patronne lui donner ce nom, tout-à-l'heure ? Mais je vois ce que c'est, continua-t-il en regardant insolemment la jeune fille, vous croyez, ma jolie demoiselle, parce que vous nous avez donné une cruche de genièvre au lieu de vin que nous sommes gris pour cela?... Ah! il était fièrement bon, le genièvre; mais les camarades sont solides au poste. N'est-ce pas, les autres?

— Oui, oui, grognèrent ses compagnons.

La jeune fille, en effet, dans son trouble, avait apporté par mégarde aux gendarmes une cruche de genièvre, et, comme on le voit, ces messieurs avaient largement fait honneur à cette liqueur enivrante. Thérésa recula avec effroi.

— Eh bien! messieurs, dit Charles, quand je serais véritablement Charles Labeccio, je voudrais savoir...

— Vous l'entendez, les autres, dit Sénèque d'un air de triomphe; passez-moi un bout de corde que je lui lie les mains... il avoue qu'il s'appelle Charles Labeccio.

— Charles Labeccio! présent! répéta, comme un écho, une voix nouvelle; qu'est-ce que l'on veut à Charles Labeccio!

Au même instant Paul parut au milieu de l'assemblée. Ses vêtements étaient en désordre et souillés de verdure; ses mains et son visage portaient la trace des épines et des ronces dont le maquis était hérissé; cependant il était aussi gai, aussi étourdi que jamais.

Sa vue produisit un effet électrique sur les principaux acteurs de cette scène. Charles et Thérésa poussèrent un cri de joie, et madame Bianchi s'approcha vivement de lui, en lui demandant à voix basse: Il est mort, n'est-ce pas?

— Mais Paul ne vit personne que Thérésa, à qui il dit de son ton jovial :

— Vous me l'aviez bien dit, charmante Thérésa, que je reviendrais ; me voilà !

— Est-ce que j'ai bu trop de genièvre? se demandait le caporal Sénèque d'un air de réflexion profonde; dites donc, vous autres, est-ce que vous voyez double comme moi? est-ce qu'il n'y a pas ici deux Charles La-beccio?

— Il n'y en a qu'un, caporal, dit Paul en riant, car du premier coup d'œil il avait reconnu dans quel état se trouvait l'autorité, il n'y en a qu'un, et c'est moi.

— Ah ! c'est vous ! ce n'est donc pas l'autre? Jeune homme, ne plaisantons pas le service, et procédons par ordre à l'interrogatoire : c'est vous qui deviez vous battre avec Marliani ?

— Oui.

— C'est vous qui étiez dans le maquis avec lui.

— Oui, vous pouvez voir que j'en porte les marques.

— En ce cas, je vous arrête comme auteur de la mort de Marliani.

Paul se dégagea par un rapide mouvement de l'étreinte de l'ivrogne.

— Mais Marliani est vivant ! dit-il.

— Vivant ! s'écrièrent tous les assistants avec des intonations de voix différentes.

— Une preuve, c'est que le voici.

En effet on aperçut en ce moment dans l'ombre du corridor la haute taille de Marliani. Le vieux Corse s'avança lentement dès qu'il se vit l'objet de l'attention générale; son œil si fier d'ordinaire était terne et abattu; sa contenance était morne et humiliée. Il tenait sous le bras son fusil déchargé et encore noirci par la fumée d'une explosion récente. Il s'arrêta devant madame Bianchi chez qui la vue de son ennemi avait réveillé toutes les passions un moment engourdies.

— Madame, lui dit-il avec une gravité triste, votre neveu m'a donné la vie et je viens remplir la promesse que je lui ai faite. Nous errions tous les deux dans le maquis... je l'ai aperçu le premier, j'ai tiré; mais mon œil et ma main ne sont plus aussi sûrs qu'autrefois; Charles Labeccio n'a pas été atteint.

— Eh! eh! le coup n'était pourtant pas trop mauvais, dit Paul en riant, votre balle a frappé le bois de mon fusil et a emporté la petite hure de sanglier qui en faisait l'ornement.

— Votre neveu, reprit Marliani du même ton, a autant d'esprit que de courage ; il s'est aussitôt élancé sur moi, il a appuyé le canon de son fusil sur ma poitrine et il m'a dit : « Je pourrais te tuer, et la querelle entre ta famille et la mienne serait à jamais finie ; je te laisserai la vie, mais à la condition que tu viendras toi-même reconnaître devant ma respectable tante que les Labeccio ont vaincu les Jacobi en courage et en générosité ; acceptes-tu ? « Son fusil était toujours dirigé contre ma poitrine, son œil était animé, sa main ferme... J'ai accepté.

— Ainsi donc, Marliani, reprit madame Bianchi dont les yeux pétillaient d'orgueil et de joie, tu te reconnais vaincu par un Labeccio? Tu avoues que nous pouvions prendre notre revanche du meurtre de Peppo Labeccio, mis à mort par ton aïeul, et que c'est par pitié pour toi que nous ne l'avons pas fait?

— Je l'avoue, murmura le Corse avec effort.

— Eh bien? s'écria Paul, j'avoue à mon tour, papa Marliani, que vous ne bronchez pas devant le danger, et que c'eût été dommage de tuer un brave homme comme vous parce qu'il a été malheureux.

En même temps, il serra la main à son adversaire, qui parut sensible à cette marque d'intérêt et lui rendit vigoureusement son étreinte.

— Ainsi donc, reprit madame Bianchi avec dignité, la querelle entre les Labeccio et les Jacobi a été finie à l'avantage des Labeccio ; que tout le monde s'en souvienne. Maintenant, Marliani, je ne vous conserve pas de rancune; quand vous passerez par Casabella, j'espère que vous viendrez nous demander un verre de genièvre.

— Du genièvre ! s'écria Sénèque ; ceci me fait souvenir, puisqu'il n'y a personne a arrêter, que notre cruche n'est pas finie....

— Allez la finir à ma santé, dit madame Bianchi.

Marliani se retira après avoir salué profondément ; les gendarmes rentrèrent dans la pièce voisine.

— Eh bien, ma tante, êtes-vous contente? demanda Paul, quand tous les étrangers furent sortis.

— Monsieur Paul Duvert, répondit la vieille femme d'un air de gratitude, vous nous avez rendu un service immense ; vous aurez la récompense que vous avez ambitionnée... Dans quelques jours, vous partirez pour la France, et dans trois mois vous reviendrez à Ajaccio ; vous m'y trouverez avec ma nièce...

— Quoi, madame ! vous savez mon nom, et vous avez la bonté de consentir...

— Pendant le peu de temps que vous resterez ici, vous porterez le nom de Labeccio, afin qu'on ne puisse découvrir dans le pays que vous étiez étranger à notre famille... Ma nièce aura pour dot tout ce que je possède... seulement, je vous demanderai la permission d'administrer encore ici vos propriétés en compagnie de ce misérable Césario. Cet homme est pour moi comme les chiens hargneux, dont les maîtres ne peuvent se passer... C'était lui qui vous avait dénoncés aujourd'hui à l'autorité, mais je vous demande son pardon...

— Cet homme ne peut plus nous nuire, madame; je vous promets de le laisser en paix.

— Et moi, ma tante, et moi? demanda Charles avec tristesse.

— Vous monsieur, votre ami, vous remettra la traite de quatre-vingt mille francs... Vous aurez sauvé votre père : n'est-ce pas tout ce que vous étiez venu chercher ici ?

— Et votre affection, ma tante ?

— Jamais.

FIN DE PAUL DUVERT.

L'INCENDIAIRE

DE L'AVEYRON.

I

Au plus fort de l'été de 1828, par une de ces chaleurs qui, dans le midi de la France, rappellent quelquefois le ciel des tropiques, un peloton de gendarmes à cheval suivait un chemin étroit et escarpé dans les montagnes de l'Aveyron, à quelques distance de la petite ville d'Aubin.

Il était environ deux heures de l'après-midi. Les rayons du soleil, concentrés depuis le matin dans les montagnes arides et pelées qui bordaient la route, avaient embrasé l'atmosphère.

Les chevaux, bien qu'ils eussent les qualités de vigueur et de prestance que l'on exige pour la cavalerie d'élite, marchaient au petit pas, la tête basse, les naseaux ouverts et desséchés, les mors couverts d'écume et le corps ruisselant de sueur.

Les militaires eux-mêmes, bien que robustes et aguerris en apparence, supportaient avec peine le poids de leurs uniformes plastronnés et de leurs bottes massives. Ils gardaient un silence morne en regardant de temps en temps le chemin qui se prolongeait en serpentant vers la cime de la montagne, et depuis quelque temps déjà on n'entendait que le bruit sec des pas des chevaux sur les cailloux calcinés et le cliquetis des sabres et des carabines suspendus au côté des cavaliers.

C'est vrai qu'il n'y avait rien dans la campagne environnante qui pût donner aux voyageurs l'espérance prochaine d'un peu d'ombre et de repos.

Les montagnes, dans cette partie du Rouergue, sont stériles, déchirées, sans verdure et sans arbres.

Ce sol volcanisé et comme maudit, n'a que les teintes rouges de la lave, les couleurs sombres de la houille, ou les veines jaunâtres du soufre et de l'alun.

Des exhalaisons métalliques répandaient dans l'air des odeurs bitumineuses auxquelles se mêlait la fumée des montagnes brûlantes de Fontagnes et de la Buegne qui s'élevaient à peu de distance.

Pas un ajonc, pas une bruyère n'avait trouvé là assez de terre végétale pour y enfoncer ses racines.

Dans une cavité, seulement à quelques pas du chemin, deux ou trois chênes chétifs formaient comme un petit oasis au milieu de ce désert; mais on voyait à la pâleur de leur feuillage, à leur tronc déjeté et rabougri, que, loin de trouver dans le sol un aliment suffisant, ils plongeaient leurs racines dans le soufre de la montagne, tandis que leur feuillage se fanait tristement dans les vapeurs méphitiques de l'air ambiant.

Du reste, excepté le peloton de cavalerie dont nous avons parlé, rien ne se mouvait dans toute l'étendue; pas un oiseau ne fouettait de son aile cette atmosphère tiède et immobile; pas un lézard ne grimpait contre les flancs des rochers; on eût dit cette nature morte des montagnes qui bordent le lac Asphaltite, ou les dangereux abords d'une solfatare en ignition.

On conçoit qu'un pareil horizon n'avait rien de bien rassurant pour des gens affamés, peut-être, altérés assurément, et abîmés de fatigue et de chaleur ; aussi les fronts étaient plissés sous les chapeaux galonnés, et des imprécations étaient étouffées sous les épaisses moustaches.

Cependant, comme c'est l'ordinaire parmi les soldats, même au moment du danger, un mot du loustic de la troupe pouvait suffire pour tourner en gaîté cette mauvaise humeur, et ce fut ce qui arriva lorsque l'un des cavaliers, gros personnage à figure joviale, qui semblait jouir des droits de plaisant de la troupe, s'écria en s'essuyant le visage :

— Cré coquin! on dit que nous venons

dans ce canton pour arrêter un polisson d'incendiaire qui brûle tout depuis six mois ! minute ! nous n'avons qu'à faire demi-tour ; on n'a pas dit dans la consigne que c'était le soleil, et nous ne serions pas de force à empoigner ce gaillard-là !

Un long éclat de rire accueillit cette plaisanteri, toute dans les idées de l'état de gendarme ; et de ce moment le silence qui régnait dans les rangs cessa pour faire place au laissez-aller que permettait la discipline en pareille circonstance.

— Oh hé! Bourguignon, reprit un autre en s'adressant à celui qui venait de parler, pourrais-tu me dire, toi, qui as été à Moscou, quel est le marchand d'allumettes qui a allumé le fagot qui flambe-là bas ?... je paie à boire.

En même temps il désignait la colonne de fumée qui s'élevait dans le lointain et qui provenait des mines de houille qui brûlent depuis plusieurs siècles.

Le loustic ne se détourna pas, comme un homme habitué à faire des plaisanteries et qui ne se souciait pas de se prêter à celles des autres.

Il répondit froidement et avec un peu de dédain :

— Ça, mon cher? connu ! c'est une vieille ménagère qui fait sauter dans la poêle une omelette au lard que tu vas payer, avec le vin et le dessert: j'accepte.

— Eh bien ! je parie tout ce que l'on voudra, disait un troisième, à l'autre extrémité de la troupe, oui, je parie tout ce que l'on voudra, répéta-t-il d'un ton doctoral, que nous allons battre inutilement le pays sans rencontrer de malfaiteur ; nous allons nous échiner pendant une quinzaine à parcourir cette commune, à demander des passeports et à arrêter des vagabonds sans être plus avancés qu'auparavant ! Voilà mon opinion.

— Mais alors, grand Christophe, reprit son voisin, comment expliques-tu les incendies de la ferme de Gransac, de la forge de Resson, de la forêt de Birac et de tant d'autres endroits dont j'ai oublié le nom ? Va, va, on a eu des raisons pour envoyer ici toute la gendarmerie à pied et à cheval du département ; car je me suis laissé dire que si l'on restait encore seulement six mois sans arrêter le coupable, il n'y a pas une habitation à huit lieues à la ronde qui échappât à l'incendie.

L'interlocuteur hocha la tête d'un air de pitié.

— Arrêtez donc le feu souterrain qui est là sous nos pieds, dit-il d'un air grave, car mon opinion est qu'il est le seul coupable.

Ne vois-tu pas, continua-t-il en désignant plusieurs points de l'horizon où se montrait la fumée des houillières embrasées, ne vois-tu pas que toutes les flammes et tout le bataclan de l'enfer ont pris leur quartier général sous ces montagnes de malheur? Est-il étonnant que des maisons ou des forêts qui se trouvent si près de ces fournaises-là...

— Ouais ! maître Christophe, tu crois ça ! Et ces mèches soufrées qu'on a apportées à M. Van Baert, le maire de la commune, et qu'on a trouvées éteintes par le vent ou la pluie au pied d'une meule de foin ?

— Tout cela ne prouve rien du tout !... répondit l'autre avec opiniâtreté. C'est mon opinion.

Comme on le voit, la conversation était engagée sur toute la ligne, et pendant ce temps la troupe, sans s'en apercevoir, avait atteint le sommet de la montagne, d'où une perspective plus consolante que celle du paysage qu'elle laissait derrière elle, vint encore augmenter sa bonne humeur.

Du côté de la chaîne, les montagnes avaient bien conservé leur aspect désolé et stérile, mais de fertiles et riantes campagnes s'étendaient à leur pied.

Du point élevé où se trouvaient les voyageurs, ils planaient sur une belle vallée où ne manquaient ni les arbres, ni la verdure, ni les habitants.

Une petite rivière, qui la traversait d'une extrémité à l'autre, était bordée de peupliers et de saules qui entretenaient au loin une agréable fraîcheur.

Des moissons encore sur pied doraient un peu plus loin les ondulations d'un terrain capricieux et ressortaient vivement à côté des prairies qui longeaient le cours du ruisseau.

A travers quelques bouquets de châtaigniers et de sapins, qui s'élevaient sur l'arrière-plan, de nombreuses cabanes couvertes de chaume indiquaient les habitations d'une population entière d'ouvriers et d'agriculteurs, tandis qu'au centre de la vallée, sur le bord de la rivière, barrée en cet endroit par une écluse, s'étalaient de vastes bâtiments, dont les hautes cheminées toujours fumantes indiquaient une usine en pleine activité.

Tout à l'entour rayonnaient des voitures chargées de minerai et de combustibles, des forgerons, des paysans, des ouvriers, tous occupés et pleins d'ardeur.

L'air frais et limpide qui s'élevait du fond de la vallée n'avait plus cette pesanteur méphitique de l'atmosphère dans les gorges de la montagne, et le soleil lui-même semblait avoir réservé pour cette Tempé en miniature des rayons moins dévorants.

Bien que les gendarmes soient par état peu sensibles aux charmes d'une belle nature, cet aspect inattendu pour plusieurs regaillardit toute la troupe par l'espérance d'une prochaine halte et d'un moment de repos.

Il est vrai que ni la rivière, qui brillait au soleil comme un miroir d'argent, ni les grands arbres chargés de feuilles, ni les verdoyantes prairies, ni même la vue des forges de Boussac, cette usine modèle, qui nourrissait cinquante familles de manœuvriers, n'eurent le pouvoir d'attirer d'abord l'attention de ces dignes agents de la force publique, mais un bâtiment assez laid qui s'élevait au pied même de la montagne, sur le bord du chemin, et qui n'était rien moins que l'auberge où ils devaient s'arrêter.

Les chevaux eux-mêmes, si mornes et si abattus un moment auparavant, semblèrent se réveiller comme si de l'intérieur de cette bicoque l'odeur de la mesure d'avoine qui les attendait, fût montée jusqu'à eux.

Aussi, sans qu'il fût besoin de les presser de l'éperon, ces intelligents quadrupèdes montraient-ils déjà une certaine velléité de quitter le pas pour le trot, quand la voix forte du vieux brigadier qui commandait la troupe se fit entendre tout-à-coup :

— Garde à vous! halte! s'écria-t-il en s'arrêtant lui-même.

Cavaliers et montures, tout resta immobile avec une précision qui tenait de l'enchantement.

— Ah ça! qu'y a-t-il donc ? demanda un des grognards, sans toutefois élever la voix de manière à être parfaitement compris du chef. Que diable! voilà un singulier endroit pour faire halte, sous un soleil de feu, au moment où nous espérions être bientôt à notre aise, à l'auberge des forgerons!

— Silence dans les rangs! dit le brigadier du ton d'un supérieur qui n'aime pas à répéter deux fois un ordre qu'il va donner; quatre hommes vont nous précéder à l'auberge que vous voyez là-bas. Ils se placeront de manière à empêcher que quelques vagabonds qui pourraient s'y trouver ne viennent à s'échapper à notre approche sans avoir justifié leur présence dans ce pays. Vous, Bourguigon, continua-t-il en s'adressant au loustic dont il connaissait sans doute la prudence et la finesse, vous serez chargé de cette mission avec trois autres que vous commanderez. Vous arrêterez tous ceux qui vous paraîtront suspects, et vous nous les amènerez à l'auberge des Forgerons. C'est là que nous devons attendre le lieutenant Quentin, qui a pris les devants, et qui sans doute va nous rejoindre dans quelques instants. Allons, partez vite, car je crains qu'on ne nous ait vus d'en bas et qu'on n'ait déjà pris l'alarme.

Bourguignon sortit des rangs, fit signe aux trois hommes qui lui avaient été désignés, et répondit de son ton jovial :

— Suffit, brigadier, on s'y conformera, et je vous jure que personne ne passera ou que j'y perdrai mon nom de Bourguignon. Allons, vous autres, au trot ! marche !

CHAPITRE II.

II

Les quatre cavaliers saluèrent de la main leurs camarades et s'élancèrent rapidement dans la direction qui leur avait été indiquée.

Alors le gros de la troupe se remit en marche tranquillement et les conversations recommencèrent à demi-voix, comme auparavant.

— Dites-moi, grand Christophe, demanda l'un des derniers cavaliers, jeune homme d'un blond roux, à l'air niais, et qui consultait comme un oracle le vétéran qui était à côté de lui, pourriez-vous m'expliquer, vous qui avez la connaissance des choses, pourquoi le lieutenant Quentin, qui est d'ordinaire si zélé pour le service, n'est pas ici à notre tête, au lieu de ce vieux dur-à-cuir de brigadier qui n'a pas l'habitude?

Le grand Christophe prit cet air de crânerie que le vétéran garde toujours en face du soldat plus jeune que lui, et répondit avec mystère :

— Un autre te dirait que le lieutenant est à ce grand bâtiment que tu vois là-bas, et qui s'appelle la forge de Boussac, pour s'entendre avec le maire de la commune, M. Van

Baert, je crois, un gros qui est né en Hollande, et qui a peur que les malfaiteurs en question ne mettent un beau jour le feu à sa manufacture ;... mais ce n'est pas pour cela, vois-tu, que le lieutenant n'est pas avec nous. Mon opinion est qu'il a une autre raison...

— Quelle raison, grand Christophe? conte-moi donc ça ?

— Eh bien, tu n'en diras rien au moins... mais je suis sûr, là, entre nous... que le lieutenant est amoureux de la fille du maître de forge, de ce Van Baert... c'est chez moi, vois-tu, une opiuion... bien arrêtée...

— Amoureux ! le lieutenant Quentin ?

— Oui... il paraît même qu'il veut épouser la petite, joli minois, ma foi ! et riche comme une reine... Je l'ai vue un jour que j'avais été envoyé de Rhodez pour porter des dépêches à son père: et ma foi, entre nous le lieutenant n'a pas fait là un mauvais rêve !

— Mais le papa, le *vanne-à-l'air*, que dit-il des projets du lieutenant ? Allons, grand Christophe, ne fais pas le discret ! Tu sais que j'aime le lieutenant et...

Christophe fit entendre un petit rire saccadé qui ressemblait assez à un accès de toux.

— Eh, eh ! mon garçon, reprit-il d'un air narquois, le père m'a l'air d'un finaud qui veut faire *aller* le pauvre lieutenant. Je me suis laissé dire qu'il lui avait promis sa fille s'il parvenait à faire arrêter les malfaiteurs qui ravagent par l'incendie cette commune... Or, mon cher, comme tu sais quelle est mon opinion à cet égard... Eh, eh, le pauvre M. Quentin aura le temps d'attendre.

— Si cependant, grand Christophe, ces

malfaiteurs existent réellement, et si nous parvenons à mettre la main dessus?

—Pourquoi me demandes-tu mon opinion alors? dit Christophe avec humeur.

En ce moment la troupe était arrivée à l'auberge dite des *Forgerons,* cette halte si ardemment désirée par les cavaliers et leurs montures.

C'était un cabaret assez pauvre et de chétive apparence, où les ouvriers de l'usine et les paysans de la vallée venaient s'enivrer une ou deux fois par semaine.

Comme une pareille habitation n'avait pas une écurie bien vaste, il fallut attacher la plupart des chevaux aux quelques arbres qui s'élevaient devant la porte et entretenaient un peu de fraîcheur autour de la maison.

Quant aux gendarmes, après s'être assurés que leurs chevaux ne manqueraient de rien, ils entrèrent dans l'auberge pour se reposer et se rafraîchir en attendant de nouveaux ordres.

La salle où se réunissaient d'ordinaire les paysans aveyronnais, les ivrognes les plus fieffés de France, comme on sait, ne contetenait aucun étranger en ce moment.

Seulement le brigadier faisait déjà subir un interrogatoire à l'hôte, qui semblait fort ennuyé de répondre à toutes ces questions dans un moment où tant de pratiques à servir réclamaient impérieusement ses soins.

— Mais enfin, demandait le gendarme d'un ton brusque, vous devez savoir ce que fait ce jeune homme, où il va, d'où il vient, quel est son nom, son état, s'il connaît quelqu'un dans la commune?

— Et que diantre voulez-vous que j'aille lui demander tant de choses, moi? répondait l'aubergiste en regardant autour de lui avec impatience; est-ce que ses affaires me regardent? Ce que je sais, c'est que c'est un brave jeune homme plein de politesse, qui mange fort peu et qui me paie exactement chaque soir sa dépense de la journée. Depuis huit jours qu'ils est ici, il n'a fait que se promener dans le voisinage, mais sans mauvais dessein, j'en mettrais la main au feu...

— Mais enfin où est-il maintenant? Ne puis-je le voir, l'interroger?

— Ma foi, il était là tout à l'heure, dit l'aubergiste en désignant la fenêtre qui donnait sur la montagne. Il est sorti sans doute.

— Ah! il est sorti du moment qu'il nous a vus de loin, dit le brigadier; cela me paraît suspect; il faut que nous le retrouvions, et tout de suite. Holà! Durand, Favard, préparez-vous à monter à cheval!

— Eh pardieu! il n'est pas nécessaire

d'aller le chercher si loin, dit l'hôte en perdant patience, le voici.

En même temps il montra au brigadier l'un des deux prisonniers que le gendarme Bourguignon introduisait dans la salle d'un air de triomphe.

Le premier était une espèce de paysan d'une cinquantaine d'années, dont les vêtements tout deguenillés attestaient une grande misère.

Ses pieds étaient nus, son pantalon et son habit, d'étoffe grossière, étaient rapiécés en mille endroits de morceaux de diverses couleurs, et son chapeau en forme de bateau, comme celui de la plupart des paysans aveyronnais, était déchiré en plusieurs endroits.

Malgré cette équipage misérable, le prisonnier ne semblait ni humilié ni effrayé de son arrestation.

C'était un grand gaillard robuste et bien

découplé, à figure bronzée par le hâle et
et dont le regard un peu égaré ne manquait
pourtant ni de dignité ni de courage.

Il se drapait dans ses haillons sans baisser les yeux et supportait sans embarras le minitieux examen dont il était l'objet.

Seulement sa main droite s'était portée à la poche de sa veste, où elle semblait caresser un de ces couteaux à lame longue et effilée que les habitants du Rouergue portent toujours avec eux et qui ne sont autre chose que les stylets espagnols, sous le nom de *capuchadou*. Ce malheureux inspirait à la fois la crainte et la pitié.

L'autre prisonnier; celui que l'aubergiste avait désigné comme l'étranger établi depuis quelques jours à son auberge, présentait un constrate frappant avec son compagnon d'infortune.

C'était un jeune homme de vingt-quatre

ans environ, bien mis, aux manières distinguées, et qui, évidamment appartenait à une classe un peu élevée de la société.

Quoique son costume fut très simple, on n'y reconnaissait pas moins l'élégance et le bon goût d'un habitant d'une grande ville; ses traits étaient blancs et délicats, ses yeux doux et mélancoliques.

Évidemment, il fallait des ordres aussi sévères que ceux donnés aux gendarmes pour motiver l'arrestation d'un homme qui ne semblait être autre chose qu'un paisible voyageur, retenu quelques jours seulement par la curiosité.

Aussi semblait-il surpris et humilié de la violence qu'on lui faisait subir, et la rougeur de l'indignation colorait ses traits, sans que pourtant aucune plainte s'échappât de sa bouche avant le moment où il croirait convenable de parler.

Le gendarme Bourguignon présenta les prisonnier à son chef en lui disant d'un air de satisfaction orgueilleuse :

— Voilà, brigadier, deux gaillards qui m'ont paru suspects et qui, si je ne me trompe, seront de bonne prise. Tous les deux venaient de l'auberge et gagnaient les champs lorsque je suis parvenu à mettre la main dessus. Interrogez-les ; leurs réponses ne m'ont pas paru très naturelles, surtout, ajouta-t-il en désignant le paysan déguenillé, celles de ce vieux drôles-là.

En achevant ces mots, il s'empara sans façon d'un verre qui était placé sous sa main, et sans s'inquiéter du propriétaire il le portait à ses lèvres de l'air d'un homme qui avait bien mérité cette petite douceur, lorsque le gendarme Christophe, qui de tout temps avait eu une pointe de jalousie contre Bourguignon, s'approcha de son camarade et lui dit d'un ton goguenard en désignant le paysan:

— Pardieu, camarade, tu as fait là une fameuse trouvaille! Arrêter ce pauvre père Sylvain, l'homme le plus connu du département, un ancien fermier à qui des malheurs ont tourné la tête et à qui jamais un habitant de ce pays n'a refusé un gite ou une place à sa table!... Je te félicite, ma foi, tu connais ton monde!

— Serait-il vrai? dit Bourguignon en se mordant les lèvres.

— Eh! te voilà, mon pauvre Sylvain, dit l'hôte en s'approchant à son tour du vieux prisonnier en riant. Ah çà! que diable as-tu donc à démêler avec la justice? — Messieurs, ajouta-t-il à voix basse en se tournant vers les gendarmes, vous ne savez donc pas que cet homme est un pauvre fou très-inoffensif et dont vous répondra M. le maire lui-même!

— Que signifie ceci? demanda le brigadier d'un ton sévère.

— Que voulez-vous que je vous dise! rédondit le gendarme d'un ton d'humeur; j'ai vu un homme en guenilles effaré qui s'enfuyait à toutes jambes devant nous, j'ai cru...

— Il est vrai, dit l'aubergiste, que Sylvain n'aime guère messieurs les gendarmes, depuis le jour où ils sont venus arrêter son fils, qui était conscrit réfractaire, pour le conduire au régiment où il est mort... Sylvain, vous le voyez, tout fou qu'il est, à bien une certaine raison dans sa haine, car il aimait joliment son fils, je vous assure.

— N'importe, dit Bourguignon, blessé dans son amour-propre en présence de tous ses camarades; qu'on fasse bien attention à ce que je dis : c'est que cet homme n'est pas étranger aux incendies qui désolent le pays, et si on voulait bien le presser de questions...

— Cela peut-être, dit Christophe, qui voulait pousser jusqu'au bout la mystification de son rival ; demandez-lui, Bourguignon, qui il accuse de tous ces crimes...

Bourguignon regarda d'un air de défiance celui qui venait de parler ; cependant il donna dans le piége et demanda au paysan avec précipitation ;

— N'est-ce pas, vieux, que tu sais quel est l'auteur de l'incendie de la ferme de Gransac ?

— Je le sais, dit le vagabond en levant les yeux au ciel avec une sorte d'exaltation mystique.

— Et qui donc ?

— C'est saint Michel archange qui vient châtier les crime des méchants en brûlant leurs maisons et leurs moissons !

CHAPITRE III.

III

Un éclat de rire universel accueillit ces paroles. Sylvain demeura calme et dédaigneux, mais le questionneur pâlit de colère et se retourna brusquement pour échapper aux quolibets.

— C'est assez, dit le brigadier d'un air mécontent ; renvoyez ce malheureux, et que désormais on le laisse tranquille. Quant à vous, monsieur, continua-t-il en se retournant vers le jeune étranger, qui avait examiné cette scène avec une sorte de pitié pour son pauvre compagnon d'infortune, pourrez-vous m'expliquer votre présence en ce pays en des circonstances aussi fâcheuses? Quel est votre nom?

— Monsieur, dit le jeune homme d'une voix ferme, avant toute chose la manière prutale dont je viens d'être arrêté...

— Votre nom ?

— Soit dit l'étranger, paraissant prendre son parti contre cet abus de la force, je m'appelle Léon.

— Léon, ce n'est qu'un prénom.

— C'est un nom, répondit l'étranger avec

un peu de confusion, pour ceux qui n'en ont pas d'autre.

— Je comprends! Et quel est votre état? d'où êtes-vous?

— En deux mots, monsieur, j'habite Paris, où j'ai toujours vécu d'une rente viagère constituée en mon nom le jour de ma naissance. Depuis peu de temps il m'a pris fantaisie de voyager et je suis venu de Paris jusqu'ici, où je me suis arrêté parce que le pays m'a paru curieux et intéressant à étudier; voilà toute mon histoire.

— Très-bien. Mais vous avez du moins un passeport?

— Le voilà, monsieur.

Le brigadier examina avec attention le papier que lui présenta l'étranger, et bientôt il le lui rendit en disant :

— Tout est parfaitement en règle, monsieur : vous êtes libre d'aller où bon vous semblera, et excusez-nous du petit désagrément que nous vous avons causé. — A çà, Bourguignon, continua-t-il en se rapprochant du gendarme d'un air fâché, c'est donc ainsi que vous faite votre service? Arrêter un bourgeois voyageur qui a satisfait à la loi !..

— Aussi, pourquoi diable avait-il l'air d'avoir peur de nous? répondit le loustic, de plus en plus irrité de sa mésaventure.

— Apparemment parce que je n'aime pas la société ! dit l'étranger avec un sourire mélancolique.

— Ou bien, peut-être, reprit Bourguignon, qui sentait le besoin de se relever aux yeux de ses camarades par quelque plaisanterie, parce qu'on ne se soucie pas de faire savoir à tout le monde qu'on s'appelle Léon tout court, et que le papa et la maman ont oublié de signer la feuille de route le jour de la naissance.

Léon, puisque nous savons le nom de l'étranger, devint rouge comme si le mauvais plaisant avait véritablement deviné le motif de sa fuite précipitée.

Cependant il ne dit rien, et se retourna pour cacher son trouble.

Alors son regard tomba sur le vagabond, qui, de son côté, semblait l'observer avec une vive attention, et dont tous les traits exprimaient pour le jeune étranger une véritable sympathie.

Sans se rendre compte de l'intérêt que semblait lui porter ce malheureux, Léon le remercia par un demi-sourire, et Sylvain, encouragé sans doute par cette marque d'intérêt, s'approcha et lui dit d'un ton sombre et mystérieux.

— Laissez-les rire, jeune homme, saint Michel archange nous vengera tous les deux, c'est moi qui vous le promets !

Léon ne songea pas même à chercher un sens dans les paroles menaçantes du pauvre insensé.

Il haussa les épaules d'un air de pitié, et tirant de sa poche un pièce d'argent il la mit furtivement dans la main du mandiant en lui disant à voix basse :

— Tenez, mon brave homme, voilà pour que vous vous souveniez que nous avons été un moment compagnons d'infortune.

Sylvain regarda avec une joie naïve l'aumône qui venait de lui être faite et il porta vivement deux ou trois fois de suite la main à son chapeau pour remercier l'étranger.

Les assistants semblaient se divertir fort des contorsions et des transports risibles du malheureux, et Léon regrettait déjà que sa bonne action n'eût eu jusqu'ici d'autre résultat que de leur procurer un moment de délassement, quand les rires et les quoliblets cessèrent tout à coup.

— Le lieutenant Quentin ! annonça un de ceux qui étaient restés devant la porte pour soigner les chevaux.

Au même instant le lieutenant entra dans la salle; c'était un jeune homme de bonne mine, aux manières froides mais polies.

A la vue de leur chef, tous portèrent respectueusement la main au chapeau, et le lieutenant leur rendit le salut avec beaucoup d'aisance et de dignité.

Après qu'il eut adressé quelque mots d'encouragement à ses subordonnés, le brigadier s'approcha de lui et lui fit un rapport sur ce qui venait de se passer, et lui désignant les deux prisonniers auxquels il venaient de rendre la liberté.

A cet endroit du récit, le lieutenant fronça le sourcil ; cependant il écouta attentivement le reste du rapport, suivant l'étiquette militaire, puis s'approchant avec politesse de Léon qui cherchait à calmer l'effervescence de joie du pauvre Sylvain :

— Permettez-moi, monsieur, lui dit-il, de vous demander pardon de l'inconcevable méprise de mes hommes. Je regrette de ne pas m'être trouvé là pour vous épargner la scène fâcheuse qui vient d'avoir lieu et dont toute la famille Van Baert, que je quitte à l'instant, ne me saura pas bon gré, j'en suis sûr.

— La famille Van Baert! répéta Léon au comble de l'étonnement. Mais elle ne me connaît pas; à moins...

Il s'arrêta tout à coup, comme s'il eût retenu sur ses lèvres un secret prêt à lui échapper.

Le lieutenant l'écoutait en silence et semblait attendre la fin de la phrase commencée ; mais voyant que l'étranger se taisait, il reprit en souriant :

— Je ne sais, monsieur, comment il se fait qu'une famille que vous ne connaissez pas et qui de son côté ne sait pas même votre nom, paraisse ainsi s'intéresser à vous... Cependant tout à l'heure à la forge de Boussac, M. Van Baert m'a chargé de prévenir un jeune étranger qui habitait depuis plusieurs jours l'auberge des Forgerons, qu'il se ferait un plaisir de le recevoir à Boussac aussitôt qu'il voudrait se donner la peine d'y venir, et d'après les renseignements qu'il m'a donnés, cet étranger ne peut être que vous.

— Ceci est inexplicable! murmura Léon tout pensif.

Puis il ajouta après une seconde de réflexion :

— Je vous remercie, monsieur, d'avoir bien voulu vous charger d'une commission dont vous vous êtes acquitté avec tant d'obligeance et de politesse. Quant à l'invitation de M. Van Baert, je l'accepte et je pars à l'instant... à l'instant même.

Le jeune officier s'inclina, et, se retournant vers les gendarmes, il dit d'une voix sévère :

— A la fin de cette campagne, Bourguignon restera deux jours aux arrêts, pour lui apprendre à faire des méprises. Quatre hommes vont rester ici en observation ; les autres vont me suivre... A cheval !

Tout le monde se leva pour obéir aux ordres du chef; Quand Bourguignon passa à côté de Léon qui se préparait à sortir, il dit à demi-voix comme s'il parlait à un de ses camarades :

— Qui paie ses dettes s'enrichit ! Je revaudrai à quelqu'un les deux jours d'arrêt dont vient de me gratifier le lieutenant.

Sans faire attention à la menace détournée que contenaient ces paroles, oubliant tous ceux qu'il laissait dans l'auberge, amis et ennemis, Léon s'élança vers la campagne, impatient d'avoir l'explication de quelque énigme qui était pour lui du plus haut intérêt.

CHAPITRE IV.

IV

Bien que du haut des montagnes voisines l'auberge parût presque toucher les forges de Boussac, il y avait encore une bonne demi-heure de marche entre l'hôtellerie où les gendarmes avait fait halte et la magnifique usine de M. Van Baert.

Le chemin, continuellement sillonné par de lourds chariots chargés de houille et de minérai, était en assez mauvais état et tout défoncé en quelques endroits, en sorte qu'il fallait quelques précautions pour éviter les profondes ornières et les obstacles de divers genres qui se présentaient à chaque pas.

D'un autre côté, le soleil était encore assez élevée sur l'horizon, et la rangée de châtaigniers et de chênes qui bordaient la route ne la garantissait pas de son ardeurs toujours dévorante.

Aussi, malgré son impatience d'arriver au terme du voyage, Léon n'avançait pas assez vite au gré de ses désirs, et malgré lui la réflexion venait calmer peu à peu l'effervescence d'un premier mouvement.

Léon, on l'a deviné sans doute, avait un autre motif que celui de la curiosité pour séjourner dans ce pays où il était étranger, et ce motif, nous pouvons le dire tout d'abord sans compromettre l'intérêt du récit qui va suivre, c'était de pénétrer dans l'intérieur des forges de Boussac et de se rapprocher de quelques-uns de ses habitants.

Depuis le jour de son arrivée, il n'avait cessé de rôder autour de l'usine, examinant de loin ceux qui entraient et sortaient, se laissant aller au découragement ou à la joie, selon qu'il avait entrevu ou non celui ou celle qu'il venait de chercher.

Plusieurs fois il avait tenté de pénétrer dans l'intérieur des ateliers comme un simple visiteur poussé par la curiosité bien naturelle de voir le plus bel établissement industriel du pays, mais on lui en avait constamment refusé l'entrée.

M. Van Baert, soit qu'il craignît d'introduire ainsi chez lui, sans le savoir, quelqu'un de ces terribles incendiaires dont le pays, disait-on, était infesté, et qui avait nécessité le déploiement extraordinaire de force publique dont nous avons parlé, soit qu'il fût jaloux de ses secrets et de ses procédés de fabrication qu'on eût pu lui dérober pour les vendre ensuite aux manufacturiers en concurence avec lui, avait donné les ordres les plus positifs pour qu'aucun étranger ne fût admis dans la forge sans un ordre exprès signé de lui.

Aussi ce fut vainement que Léon s'adressa à plusieurs ouvriers pour obtenir une introduction furtive : le maître était trop vigilant et trop sévère pour qu'il fût facile et prudent de le tromper ; et Léon qui avait des raisons particulières de ne pas s'adresser directement à lui, dut renoncer à son projet.

Qu'on juge donc de sa surprise quand il reçut par l'entremise du lieutenant Quentin cette invitation qu'il n'avait pas sollicitée du maître de Boussac et qu'il n'avait rien fait pour obtenir.

Il se perdait en conjectures sans fin, auxquelles les motifs secrets de sa présence dans le pays ajoutaient encore plus d'incertitude, et, cependant, au milieu de toutes ces irrésolutions, de tous ces doutes, de toutes ces terreurs peut-être qui agitaient son âme, un sentiment dominait plus grand et plus puissant que tous les autres, le sentiment de la joie.

On eût dit qu'il allait enfin atteindre un bonheur longtemps désiré, et tout en marchant, il murmurait parfois comme pour se donner du courage et s'assurer qu'il n'était pas le jouet d'un rêve :

— Je vais les voir ! je vais les voir !

Il avait déjà fait une partie du chemin, livré à ses pensées et heureux du silence et de la solitude qui régnaient autour de lui, quand un bruit subit lui fit retourner la tête.

A travers un nuage de poussière il aperçut la troupe de gendarmes qui, après avoir suivi pendant quelque temps le même chemin que lui, s'enfonçait à gauche dans la direction d'un village qu'elle devait visiter.

Peut-être le souvenir de son humiliante aventure avec ces agens de la force publique interrompit désagréablement ses méditations, car son premier mouvement fut de gagner avec humeur le bord de le route pour se dérober à leur vue ou ne plus les voir lui-même; mais au moment où il cherchait un abri sous les arbres de l'avenue,
tout à coup à quelques pas derrière lui un éclat de rire rauque et saccadé qui le fit se retourner vivement encore un fois, et il se trouva vis-à-vis de Sylvain, qui l'avait suivi jusque là sans qu'il ne s'en doutât.

Le pauvre insensé ne parut pas remarquer sa surprise; il s'approcha et lui dit mystérieusement :

— Vous avez eu peur, n'est-ce pas? ne craignez rien ; je veille sur vous, et l'archange Michel vous défendra contre eux.....
Oh ! je vous ai deviné, moi ! je sais qui vous êtes, allez !

— Comment ! vous savez...

Le vagabond appuya légèrement son doigt sur l'épaule de Léon, et il lui dit en contournant ses yeux d'une manière effrayante :

— Vous êtes un conscrit réfractaire; je l'ai deviné. Oh ! je suis prophète, moi...

Et un nouvel éclat de rire, niais et hébété, accompagna ces paroles.

— Prophète ! ce n'est pas sûr, répondit le jeune homme en souriant.

— Ne dites pas non, reprit le fou avec un accent d'autorité, l'archange Michel ne peut pas se tromper. Et vous avez raison, jeune homme, de ne pas vouloir être soldat! Vilain état, allez! Moi qui vous parle, j'avais un fils, grand garçon de six pieds et robuste! Dieu! quels bons coups de main il donnait à l'ouvrage!... Oh! il y a longtemps, bien longtemps de ça... A vingt ans il était *bouriairè* à la ferme de Grandsac! belle condition, ma foi!... Si jeune! il faisait l'admiration de tout le pays! pauvre Laurent... Eh bien, il tomba au sort! Il me dit : « Père, je ne veux pas partir; je resterai avec toi. » Et il se cacha dans le Tindoul. Mais un jour les gendarmes vinrent, et ils l'emmenèrent. Depuis ce temps, il n'est pas revenu ; il est mort dans une *autre France* en combattant les ennemis! Pauvre Laurent, va!

Léon écouta ce récit débité avec une grande volubilité et qui se ressentait un peu du désordre des idées du narrateur.

En rappelant ces souvenirs si cruels encore pour lui, Sylvain ne pleurait pas, car sans doute il n'y avait plus de larmes dans ses yeux hagards et desséchés, mais sa voix avait une inflexion déchirante qui allait à l'âme, et on regrettait en l'écoutant que la funeste maladie qui lui avait ôté la raison ne lui eût pas ôté aussi la mémoire.

Cependant Léon était trop préoccupé du but de son voyage pour qu'il pût s'arrêter à écouter longtemps les récits d'un insensé, quelque curieux et intéressants qu'ils fussent d'ailleurs pour un psychologue.

Aussi chercha-t-il à rompre l'entretien, en disant à Sylvain d'un ton de bienveillance :

— Oui, oui, mon brave homme; je sais que vous avez été bien malheureux ; mais vous me conterez cela une autre fois. Je suis pressé, voyez-vous, on m'attend aux forges de Boussac. Nous nous reverrons. Allons... adieu, adieu.

Et après avoir salué de la main le vieux mendiant, il s'éloignait rapidement; mais Sylvain semblait avoir conçu pour lui une affection toute particulière, et il n'était pas près de lâcher prise.

En quelques enjambées il eut atteint Léon, et il reprit avec son rire saccadé et niais :

— Ah! vous allez aux forges de Boussac! eh bien, nous ferons route ensemble. Que m'importe d'aller là ou là, moi qui suis l'archange envoyé de Dieu ! D'ailleurs, la dame et la demoisselle de Boussac sont bonnes pour moi; quand je viens à la forge, elles me donnent du pain de froment et les restes du dîner, et en hiver elles me permettent d'aller me chauffer au fourneau où les ouvriers tra-

vaillent! Oui, oui, j'irai à Boussac avec vous.
L'archange Michel doit vous protéger...

En parlant ainsi, il mit son pas à l'unisson de celui de l'étranger, et bien que Léon eût préféré sans contredit continuer seul sa route, force lui fut d'accepter le compagnon qui s'attachait si singulièrement à lui.

Il y aurait eu de la cruauté à s'opposer à l'innocente familiarité du pauvre insensé, qui d'ailleurs ne paraissait pas plus disposé à céder aux ordres qu'aux prières.

Ils commencèrent donc à marcher côte à côte et en silence; au bout de quelques minutes, Léon avait déjà oublié Sylvain.

Mais ce n'était pas le compte du vieux vagabond, qui semblait être essentiellement causeur avec ceux qu'il honorait de son affection.

—Dites donc, monsieur, reprit-il, comme frappé tout à coup d'un souvenir agréable, vous m'avez donné un bel écu pour payer du vin de Marcillac, savez-vous?

— Je vous en donnerai un autre si vous voulez retourner à l'auberge et aller boire du vin de Marcillac à ma santé.

— A l'auberge! répéta Sylvain en contournant ses yeux de manière à n'en montrer que le blanc, ce qui était chez lui le signe de quelque sentiment violent, ne retournez pas à l'auberge ce soir; c'est moi qui vous le conseille; croyez-moi.

— Et pourquoi cela, je vous prie?

— Pourquoi? l'archange Michel passera par là ce soir, et demain les gendarmes y seront trouvés grillés comme des damnés en enfer.

Léon haussa les épaules sans avoir même le soupçon que les paroles du mendiant eussent un sens dans la réalité.

Cependant il répondit avec indifférence

pour flatter la manie prophétique de son compagnon :

— Je serais fâché que l'archange Michel eût de mauvais desseins sur cette auberge, car en ce moment elle contient mes effets, et s'il arrivait malheur à la maison, je perdrais tout ce que j'ai de plus précieux au monde.

Sylvain le regarda fixement.

— Oui, vous avez raison... reprit-il, je n'y avais pas songé!... mais ne craignez rien. Le saint archange a pour vous de l'amitié... croyez-moi. Vous verrez...

Et comme Léon, malgré toute sa bienveillance et sa pitié pour l'infortune de son compagnon, détournait la tête d'un air d'ennui :

— Vous n'avez jamais vu l'archange Michel, n'est-ce pas? reprit Sylvain, venez me trouver quelque nuit dans le Tindoul ou dans la grotte des Trois Chênes, je vous le ferai voir. Vous serez bien reçu, je vous le promets. Une nuit ma maison brûla, avec la moisson et le foin de toute l'année; je fus ruiné. Le lendemain, comme j'étais à pleurer à côté des ruines de ma maison, l'archange Michel m'apparut tout à coup, et il me dit : « C'est moi qui ai mis le feu à ta ferme; quand j'en aurai brûlé sept, comme la tienne, dans la commune, je m'arrêterai. Tu es mon favori; c'est bien. » Depuis ce temps il a tenu parole : il y a déjà six fermes de brûlées; il n'en manque plus qu'une pour faire le compte. Tenez, voici l'heure où l'archange Michel va bientôt se lever; quand le soleil sera couché là-bas derrière ces grands nuages, l'archange Michel sortira de là; il a un habit tout rouge, des ailes d'or, et il tient à sa main une grande lance. Je l'ai vu si souvent à la procession de Rhodez! Quand la nuit commence à venir, il prend son vol; il s'arrête là-bas au sommet de la Buegne, plonge sa lance dans le feu de la montagne et en retire un morceau de charbon embrasé. Alors il recommence à voler bien haut, bien haut, et, quand il passe sur la maison qui est marquée pour périr, il laisse tomber son charbon enflammé; alors la maison brûle toute la nuit...

Malgré l'extravagance de toutes ces rêveries, Léon n'eût pas osé en rire, quand même il n'eût pas été préoccupé par d'autres pensées, tant les paroles, les gestes et jusqu'au son de voix du vieux mendiant avaient une expression sinistre et sauvage en ce moment.

Il le regarda avec une véritable terreur dont il ne pouvait se rendre compte, et il allait peut-être le presser de questions pour distinguer ce qu'il y avait d'imaginaire ou de réel dans ces étranges révélations, lorsque la vue de l'usine, qui se découvrit tout à coup devant eux à un coude que formait le chemin, vint attirer toute son attention.

Les forges de Boussac étaient un vaste établissement renommé avec raison dans tout le pays ; il se composait de plusieurs corps de logis séparés les uns des autres par des cours et surmontés de cheminées gigantesques qui lançaient en tout temps à l'atmosphère des jets d'une fumée noire et épaisse.

La rivière, comme nous l'avons dit, longeait un des flancs de l'usine et mettait en mouvement la roue monstrueuse qui communiquait aux machines intérieures une bruyante activité.

A mesure que l'on approchait on était assourdi par le grincement des rouages, le sifflement du feu dans les fourneaux, le roulement des eaux dans les conduits souterrains, les coups répétés des marteaux sur les enclumes, le cliquetis des barres de fer que remuaient les travailleurs et les chants enroués de quelques ouvriers en belle humeur.

C'était le mouvement, l'action, le bruit d'une ville ouvrière au milieu d'une campagne.

L'entrée principale faisait face à l'avenue que suivaient les voyageurs.

Les deux battants de cette porte étaient ouverts pour le passage continuel des chariots, et on pouvait déjà plonger un œil curieux dans la première cour entourée des bâtiments.

C'étaient sur deux côtés réunis à angle droit deux ailes égales et qui semblaient destinées à servir de magasins.

A gauche, en entrant, une jolie maison blanche parfaitement distincte des autres constructions, quoiqu'elle y communiquât par une petite galerie en maçonnerie, était l'habitation du propriétaire directeur de l'usine.

Sous le bâtiment qui faisait face à l'entrée s'ouvrait une voûte grillée qui conduisait aux ateliers ; mais comme cette voûte n'était pas directement en face de la porte même, il était impossible d'apercevoir du dehors l'intérieur de l'usine et pour comble de précautions le défiant propriétaire avait fait placer au-dessus de la grille une planche en forme d'enseigne sur laquelle on lisait en gros caractères : ON N'ENTRE PAS ICI SANS PERMISSION.

CHAPITRE V.

V

En approchant de la forge l'étranger semblait en proie à une douloureuse émotion; son pas se ralentit, on eût dit qu'il hésitait encore avant de pénétrer dans cette enceinte où un intérêt puissant l'appelait sans doute.

Quand il ne fut plus qu'à quelques pas de la porte, il fut obligé de s'arrêter, et il s'appuya contre une borne, comme si les forces et le courage lui eussent manqué à la fois.

Sylvain au contraire entra fièrement le premier dans la cour d'honneur, comme un homme qui connaît parfaitement les êtres et qui est certain de ne pas être mal accueilli.

Cependant il avait trop présumé de son crédit sans doute, car à peine eut-il fait quelques pas, que d'effroyables aboiements se firent entendre dans une petite cabane placée à côté de la porte, et en même temps un énorme bouledogue s'élança avec un cliquetis de chaîne.

Mais au même instant une voix fraîche et pure domina les hurlements du chien :

— Paix là ! silence donc, Fox ! disait-on ; est-ce que tu ne reconnais pas Sylvain, un ancien ami ?...

Mais déjà sans doute l'honnête animal s'était aperçu de son erreur, car avant même que l'on eût cessé de parler, ses aboiements et ses grincements de dents s'étaient changés en caresses pour le vieux vagabond, qui semblait tout heureux d'une pareille affection.

— Vous voilà donc dans nos quartiers, mon pauvre Sylvain? Que devenez-vous? L'archange Michel vous protége-t-il toujours? Catherine, Catherine! voyez donc si vous n'avez pas quelque chose que vous puissiez donner à ce pauvre Sylvain.

Le son de cette voix parut rendre à Léon toute son énergie, et faisant un effort sur lui-même, il entra brusquement dans la cour.

La première personne qu'il aperçut était le vieux mendiant; accroupi devant la loge du boule-dogue, il ne semblait pas songer à autre chose qu'à renouveler connaissance avec le portier du logis, qui de son côté faisait de son mieux les honneurs de la maison à son compagnon déguenillé.

A l'autre extrémité de la cour, sur un perron de pierre dont chaque marche était ornée d'un vase à la Médicis en fonte, rempli d'arbustes odoriférants, se tenait debout une jeune demoiselle d'environ dix-huit ans.

C'était une jolie blonde, à taille de guêpe, vive, alerte, élancée ; elle était vêtue d'une robe blanche d'une coupe gracieuse ; sa tête était nue et ornée seulement de boucles ondoyantes qui tombaient sur ses épaules.

La broderie qu'elle tenait encore à la main indiquait quelle était son occupation au moment où l'arrivée de Sylvain avait attirée son attention.

Elle semblait prendre plaisir à voir le boule-dogue et l'insensé se prodiguer les preuves d'une affection mutuelle, et elle riait comme un enfant aux démonstrations grotesques des deux amis.

Quand l'étranger parut, elle fit un geste de surprise, et elle allait rentrer tout effarouchée dans l'intérieur de la maison si le boule-dogue, à la vue de Léon, n'eût recommencé ses aboiements, et, s'échappant des bras de Sylvain, n'eût fait un bond furieux pour s'élancer sur lui.

La jeune fille poussa un cri d'effroi ; mais l'étranger ne s'était pas trouvé à portée du redoutable gardien, et celui-ci, retenu par sa chaîne, dut forcément obéir au vieux vagabond, qui cherchait à le calmer en le menaçant de la colère de l'archange Michel.

Au milieu de tout ce vacarme, Léon ne semblait rien voir, rien entendre.

Quand l'animal voulut s'élancer sur lui, il ne fit pas le moindre mouvement de frayeur ses regards étaient fixés sur la jeune fille, vers laquelle il s'avançait avec émotion.

Celle-ci, malgré sa timidité, ne pouvait plus sans impolitesse se retirer avant d'avoir répondu aux questions qu'on allait lui adresser sans doute, et force lui fut d'attendre à la même place, tandis qu'il disait à Fox pour cacher son embarras :

— Silence donc, Fox! Oh! le méchant animal! Faites-le donc taire, Sylvain, puisqu'il ne veut écouter que vous ! J'ai toujours dit à mon père que ce vilain Fox causerait quelque malheur!

En ce moment Léon était arrivé près d'elle et il la salua avec respect; mais au moment de lui adresser la parole, la voix manqua dans son gosier, et il resta debout et immobile devant elle, muet et comme en proie à un sentiment d'admiration qu'il ne pouvait exprimer.

La jeune fille rougit, baissa les yeux et demanda avec timidité :

— Puis-je savoir, monsieur, ce que vous désirez? Si c'est mon père, M. Van Baert, que vous voulez voir... je vais le prévenir à l'instant, il est dans les ateliers.

Léon resta encore quelques secondes absorbé dans sa contemplation muette; puis enfin remarquant tout à coup l'étrangeté inexplicable de ses manières, il reprit en balbutiant :

— Votre père! oui, mademoiselle, c'est à M. Van Baert que je désire parler, et une invitation de M. Quentin...

— Oh! oui, oui, je sais, répliqua la jeune fille en rougissant davantage. Puis elle ajouta : — Si monsieur veut se donner la peine d'entrer dans le bureau, mon père va le rejoindre à l'instant...

En même temps elle précéda l'étranger

pour lui montrer le chemin. En se retournant pour voir s'il l'a suivait, elle remarqua qu'il essuyait furtivement une larme.

Elle introduisit Léon dans une vaste salle du rez-de-chaussée qui servait à la fois de bureau et de comptoir à M. Van Baert.

Cette pièce était séparée en deux par un treillage en fil de laiton. La première partie, destinée à recevoir les comptables, n'avait pour tous meubles que quelques chaises et une grande table en bois blanc sur laquelle se trouvait tout ce qu'il faut pour écrire, tandis que de l'autre côté de la barrière une innombrable rangée de registres à fermoirs de cuivre, des étagères chargées de cartons étiquetés, et enfin une armoire de fer solidement scellée dans la muraille, indiquait la partie réservée au maître et à ses principaux commis.

Il n'y avait en ce moment dans le bureau

qu'une dame d'environ quarante-cinq ans, assise près d'un fenêtre qui donnait sur la cour, et d'où elle avait pu voir la petite scène qui venait d'avoir lieu entre la jeune demoiselle et le visiteur inconnu; elle travaillait paisiblement devant une table à ouvrage, et une place vide à côté d'elle semblait être celle que la jeune fille venait de quitter un moment auparavant.

A la vue de l'étranger, elle se leva avec politesse et lui offrit un siége a quelque pas d'elle.

Mais Léon était comme étourdi de tout ce qui lui arrivait; il ne parut pas s'être aperçu de cette invitation silencieuse et il regardait celle qui semblait être la maîtresse de la maison avec ce regard contemplatif plein de mélancolie et d'admiration qu'il avait déjà attaché sur la jeune fille.

Celle-ci se chargea de faire remarquer à

l'étranger son inattention en lui disant avec timidité :

— Veuillez vous asseoir, monsieur ; je vais prévenir papa et dans quelques instants il va être ici.

Et pendant que Léon déférait gauchement à cette invitation, elle s'approcha vivement de la dame et lui dit à voix basse :

— Maman, c'est cet étranger, tu sais ! Oh ! je suis bien curieuse de savoir ce qu'il va dire !... Je reviens à l'instant !...

Madame Van Baert mit un doigt sur sa bouche comme pour contenir le babillage indiscret de sa fille, qui sortit aussitôt afin d'aller prévenir son père.

Alors Léon put exminer avec plus d'attention la maîtresse du logis.

C'était une femme de petit taille, aux yeux et aux cheveux noirs, et dont les traits avaient encore cette beauté noble et régulière qui est le caractère de la maturité.

Son visage, qu'aucune ride ne venait encore sillonner, avait cette teinte dorée des femmes méridionnales qui laisse deviner, une âme ardente et passionnée.

Mais, si de pareils signes d'énergie et d'exaltation avaient pu ne pas être trompeurs pour madame Van Baert au temps de sa jeunesse, l'âge semblait avoir sinon éteint, du moins affaibli ces instincts primitifs; une vie simple et monotone dans sa tranquilité semblait avoir effacé les traces que les passions avaient pu laisser autrefois sur cette physionomie calme et raisonnable.

Il était impossible de ne pas reconnaître dans madame Van Baert une bonne et paisible ménagère, vivant au fond de cette campagne écartée, sans souvenirs du passé et sans craintes pour l'avenir.

Léon fit toutes ses réflexions pendant son rapide examen, et sa contemplation muette eût duré peut-être longtemps encore si madame Van Baert, que ce silence singulier étonnait d'abord, n'eût engagé la conversation en disant au jeune étranger avec aisance et politesse :

— Vous avez dû être bien surpris, monsieur, de recevoir de la part d'une personne que vous ne connaissez pas une invitation... inconvenante peut-être; mais votre timidité ou votre délicatesse à l'égard de mon mari a été si grande qu'il a bien fallu vous venir en aide. Nous savions tous que vous aviez un désir ardent de pénétrer dans cette maison.

— Oh! oui, oui, madame, interrompit le jeune homme avec chaleur, et tous mes vœux sont comblés en ce moment.

Madame Van Baert sourit avec bienveillance.

— Voilà un enthousiasme qui plaira à mon mari, j'en suis sûre, reprit-elle; et en vérité, monsieur, savez-vous qu'il faut que vous ayez une bien grande force de volonté et un désir bien profond de vous instruire, pour avoir surmonté les obstacles qui rendent notre maison inabordable? Voilà plusieurs jours que mon mari, ma fille, et moi-même, nous vous avons vu vous promener dans le voisinage, cherchant à porter un regard curieux dans cette enceinte qui vous était interdite. Les tentatives que vous avez faites auprès de plusieurs de nos ouvriers pour obtenir à prix d'argent la faveur de pénétrer dans les ateliers ont encore donné des soupçons sur votre qualité, et enfin mon mari, bien convaincu que vous êtes un jeune manufacturier qui a le désir ardent d'étudier les procédés de fabricataion qui font de cette usine un modèle du genre, et que vous n'osiez vous adresser à lui de peur d'essuyer un refus, a pris le parti de vous faire prévenir par un ami obligeant qu'il vous recevrait ici avec plaisir, et qu'il vous donnerait tous les éclaircissements qu'il lui serait possible..... je pense, monsieur, que cette nouvelle ne vous sera pas désagréable, et je serais heureuse d'apprendre que mon mari ne s'est pas trompé.

En parlant ainsi elle chercha sur les traits de Léon cette vive expression de joie qu'elle s'attendait à y trouver.

Mais, à son grand étonnement, l'étranger sembla n'avoir pas apprécié dignement cette concession, qui, dans les idées de la femme de l'industriel, devait être considérée comme une grande faveur.

Léon répondit d'un ton mélancolique après une minute de silence :

— Mais êtes-vous bien sûre, madame, que

ce soit le désir de visiter une usine qui m'ait fait venir dans ce pays et qui m'y retienne depuis une semaine? ne se pourrait-il pas qu'un intérêt cher et sacré, sur lequel il ne m'est pas permis de m'expliquer, m'ait attiré vers cette maison...?

Il s'arrêta tout court comme s'il eût craint d'en trop dire. Madame Van Baert fixa sur lui son œil noir et sévère :

— Quoi! monsieur, demanda-t-elle, vous n'êtes pas ce que nous avons tous pensé? Mais alors quel peut-être cet intérêt si cher dont vous parlez? Si je ne me trompe, tout le monde ici vous est inconnu?

Léon fit un geste de désespoir.

— Dites plutôt, madame, que personne ne m'y connaît! pas même... Mais, de grâce, ne m'interrogez pas! si vous saviez comme je souffre!... Voyez mes larmes, mon trouble.., oh! pitié, madame, pitié!

En parlant ainsi, Léon se laissa tomber sur son siége et détourna la tête comme pour cacher ses pleurs.

Madame Van Baert, sans comprendre cette émotion subite dont il lui était impossible même de soupçonner la cause, restait immobile d'étonnement. Cependant elle parut frappée tout à coup d'une réflexion qui devait venir à la pensée d'une mère :

— Monsieur, je crois deviner toute la vérité, murmura-t-elle en se penchant vers lui ; vous aimez ma fille? C'est elle que vous cherchez à voir quand vous restiez des journées entières près de la porte principale de la forge ; c'est d'elle que vous vouliez approcher quand vous offriez de l'argent à un de nos ouvriers pour vous introduire ici? Si cela est, monsieur, je ne puis que vous plaindre, car, vous le savez sans doute, Anna est promise à un autre...

— Et puisse ce mariage faire le bonheur de mademoiselle Anna ! répondit Léon d'un ton plus calme et en souriant légèrement ; et cependant, madame, vous avez découvert une partie de mon secret. Quand je passais des journées entières caché près de cette maison, c'était mademoiselle Anna que je voulais voir... et vous.

— Moi, monsieur ; mais je ne puis m'expliquer...

— Madame Van Baert, dit Léon si bas qu'on pouvait à peine l'entendre, se souvient-elle encore de Cécile Lambert?

— Mon nom de demoiselle ! s'écria la dame en pâlissant ; qui vous a appris ce nom monsieur? qui l'a prononcé devant vous?

— Une personne que vous n'avez pas oubliée sans doute, reprit l'étranger du même ton, bien qu'elle soit morte depuis quelques mois, M. Duvernay...

Ce nom parut porter au comble la douleur et l'effroi de madame Van Baert. Elle recula de quelques pas, toute pâle et tremblante.

— Qui êtes-vous ! murmura-t-elle d'une voix étouffée ; qui vous a révélé ce mystère de la plus cruelle époque de ma vie? d'où venez-vous, vous qui réveillez d'affreux souvenirs éteins depuis si longtemps dans mon cœur?... Oh ! ces traits, ces regards, cette émotion à ma vue ! mais il est mort, *lui* ! il est mort presqu'en naissant, on ne m'a pas trompé... oh! je suis folle, mon Dieu !

En ce moment la jeune Anna se précipita étourdiment dans le bureau en s'écriant avec vivacité :

— Le voilà enfin ! il était en grande conférence avec les contre-maîtres, mais du moment que je lui ai dit que c'était monsieur...

Elle s'arrêta tout à coup promenant son regard de l'étranger à sa mère, qui tous les deux s'efforçaient de faire disparaître les traces de cette subite et profonde émotion. La jeune fille resta tout interdite à la même place, et son père entra presque aussitôt.

CHAPITRE VI.

VI.

M. van Baert pouvait avoir quelques années de plus que sa femme, et cependant son teint était frais et rose comme celui d'une jeune fille.

C'était une de ces bonnes grosses natures chez lesquelles l'imagination n'a jamais pu faire broncher la raison, et qui pèsent toutes les choses de la vie à la balance du sens commun.

L'expression d'un bonheur tranquille, la paix de l'âme, la satisfaction des autres et de soi-même étaient peintes sur son visage.

Quoique M. van Baert fût originaire de la Hollande, il avait passé une grande partie de sa vie en France, et son caractère national, sans s'effacer, avait pris par le contact un peu de la vivacité et de la gaieté françaises. Cette fusion avait produit un homme prosaïque, il est vrai, mais avenant, loyal, juste dans ses paroles et dans ses actions, enfin rond au moral comme au physique, sans prétention et sans orgueil.

Surpris au milieu de ses travaux et de ses ouvriers, il était tout simplement en blouse de toile grise et en casquette.

Son accueil à l'étranger fut amical et sans façon.

— Ah! c'est vous enfin, jeune homme, dit-il gaiement en invitant Léon, qui s'était levé à son arrivée, à se rasseoir. Savez-vous, monsieur, que vous avez mis de l'obstination à vouloir pénétrer chez moi sans ma permission? Il a fallu que ce soit moi qui vous envoie, de mon propre mouvement, une autorisation que vous ne daigniez pas solliciter vous-même! Que diable, j'avais ma dignité aussi, et si j'avais été seulement de moitié aussi opiniâtre que vous... Mais ne m'en remerciez pas seul, au moins! Ce sont ces dames, ajouta-t-il en désignant par un geste de brusquerie affectueuse sa femme et sa fille, ce sont elles qui, à force de sollicitations, m'ont poussé à une démarche un peu extraordinaire peut-être...

— Mon ami...

— Mon cher papa.

— Eh mon Dieu, oui, c'est vous, que diable! monsieur sait bien qu'un manufacturier tel que moi ne va pas arrêter les passants pour leur dire: « Entrez chez moi, je vous montrerai mes procédés de fabrication, mes secrets, mes moyens de succès! » sans avoir quelque raison pour cela. Oui, monsieur, continua-t-il en se tournant vers Léon, depuis quelques jours tous ceux qui m'approchent m'obsèdent non pas de votre nom, qu'on ne sait pas encore, mais de vos faits et gestes, dont on tient registre. — Le jeune étranger a fait ceci, a fait cela; il a offert vingt francs à l'un, trente francs à l'autre, pour pénétrer dans les ateliers, et il avait les armes aux yeux lorsqu'on lui a refusé la faveur qu'il demandait. Il paraît si bien élevé, si timide! et les suppositions d'aller leur train. — C'est, disait l'un, un jeune homme sortant des écoles qui veut s'instruire par la pratique! — C'est un mécanicien étranger qui vient dessiner nos machines pour les imiter dans son pays, disait un autre; c'est ceci, c'est cela... Enfin abasourdi par toutes ces criailleries, par toutes ces instances, par toutes ces suppositions, j'ai cru convenable de prendre un parti. Il m'a paru ressortir de toutes vos démarches que vous aviez un désir réel de visiter les forges dont je suis le propriétaire, et je me suis décidé à vous faire prévenir que je vous recevrais ici quand cela vous ferait plaisir.

Léon répondit d'un ton embarrassé et en balbutiant :

— J'apprécie, monsieur, comme je le dois une pareille faveur, et croyez que ma reconnaissance...

— Malheureusement, reprit le maître de

forges, vous arrivez dans un mauvais moment pour visiter l'usine ; la journée vient de finir et les ouvriers quittent déjà les ateliers. Vous ne pourriez voir en jeu nos principales machines, et il faut absolument que nous remettions cette visite à demain. Demain, si vous le voulez bien, je vous servirai moi-même de cicerone, je vous montrerai toute la maison dans le plus grand détail, à une condition cependant. Vous comprenez, monsieur, qu'avant de vous livrer le secret des perfectionnements que vingt ans de travaux m'ont fait introduire dans mon genre d'industrie, j'ai le droit de savoir, sinon qui vous êtes, du moins qui vous n'êtes pas. Je vous prie donc, monsieur, de me donner votre parole d'honneur que vous n'êtes pas envoyé ici par quelqu'un de mes concurrents qui se servirait plus tard contre moi des révélations que je pourrais vous faire...

Léon se leva et répondit avec un sourire plein de tristesse :

— Je vous donnerais volontiers cette parole que vous me demandez, monsieur, s'il m'était réellement possible d'accepter votre invitation pour demain ; mais des devoirs sacrés me forcent de partir cette nuit même peut-être...

Les deux dames, qui, depuis l'arrivée de M. van Baert, avaient repris leur place et leur ouvrage près de la fenêtre, laissèrent échapper simultanément un mouvement de surprise.

— Quoi! vraiment, monsieur, demanda le maître de la maison, vous allez quitter cette commune, et sans avoir vu les forges de Boussac? Je croyais pourtant que le désir de les visiter était la seule cause de votre séjour ici...

— Oui, sans doute, répondit Léon d'un air troublé ; mais, comme je vous l'ai dit, monsieur, des devoirs impérieux... Enfin, le but que je me proposais en venant dans ce pays est désormais atteint, et il faut que je m'en éloigne au plus tôt, je le sens, si je ne veux me préparer des regrets peut-être dans l'avenir.

M. van Baert chercha pendant quelques secondes le sens énigmatique de ces paroles, mais ne pouvant sans doute y parvenir, il répondit d'un ton un peu sec en se levant aussi :

— Cela suffit, monsieur, je ne vous demande pas vos secrets. Mais voici la journée finie et j'ai quelques ordres à donner; agréez mes regrets de n'avoir pu vous être agréable, comme je l'aurais désiré.

— Et vous, monsieur, répliqua l'étranger d'une voix mélancolique, recevez mes remercîments sincères pour cette bienveillance que je n'ai pas méritée. Recevez-les aussi, mesdames, continua-t-il en s'animant comme malgré lui et en se retournant vers la mère et la fille qui l'écoutaient en silence, pour l'intérêt que vous avez montré à un inconnu, à un étranger à qui toute marque de sympathie venant de vous est bien précieuse..... et... et... adieu, adieu pour jamais !

En parlant ainsi, on eût dit qu'il faisait tous ses efforts pour retenir ses larmes, et s'avança vers la porte d'un pas mal assuré, après avoir salué respectueusement M. van Baert, qui ne sachant que penser de ces étranges paroles et surtout de cette inexplicable émotion, restait cloué à la même place en regardant Léon s'éloigner.

Mais en ce moment plusieurs commis et ouvriers qui avaient à lui parler entrèrent dans le bureau, et il se contenta de dire à sa fille Anna, qui se trouvait près de lui et qui semblait partager son étonnement :

— Ce garçon-là, vois-tu, a un grain de folie ! Il ne peut pas en être autrement. Il a sur la tête un coup de marteau, tel que pourrait en donner le plus robuste de mes forgerons !

La jeune fille devint toute pensive sans répondre, et le père s'avança vers ses ouvriers sans paraître songer davantage au mystérieux visiteur.

Pendant ce temps, madame Van Baert avait reconduit par politesse en apparence l'étranger jusqu'à la porte, et elle demanda bien bas, lorsqu'elle crut n'avoir pas à craindre d'être entendue d'autre personne que de lui :

— Monsieur, avant de nous quitter, ne me direz-vous pas du moins qui vous êtes ? Ne m'expliquerez-vous pas quelques mots échappés à votre trouble et dont moi seule ici connais la terrible portée ?...

— Ne me le demandez pas, madame, répondit Léon en baissant les yeux ; j'ai déjà, par mon égoïsme, assez troublé votre repos... Laissez-moi partir et espérez que vous ne me reverrez jamais...

Puis il fit de la main un signe d'adieu et, traversant rapidement la cour, il gagna la campagne sans se détourner une seule fois, comme s'il avait craint que la force et le courage vinssent à lui manquer tout à coup.

Le soleil était couché depuis une heure et l'obscurité commençait à s'étendre.

Déjà quelques étoiles se montraient au ciel, et Léon devait se hâter s'il voulait arriver avant la nuit à l'auberge des Forgerons, où il avait laissé son bagage et où il devait loger.

Cependant, après avoir fait tout d'une haleine une partie du chemin, il ralentit sa marche et bientôt se laissa tomber au pied d'un des arbres qui bordaient la route, épuisé par les luttes violentes qu'il avait eu à soutenir avec lui-même.

Là il resta longtemps immobile et silencieux, plongé dans une morne douleur.

Par intervalles il s'agitait comme pour repousser une pensée désespérante qui l'oppressait.

Seul avec lui-même, au milieu de cette campagne déserte, dans cette obscurité solennelle de la nuit, il repassait dans sa mémoire tous les événements d'une vie qui avait dû être féconde en souffrances et en regrets.

Plusieurs fois il se pencha pour apercevoir encore à travers l'ombre épaisse des arbres et de la nuit l'habitation qu'il venait de quitter, pour écouter quelque son vague parti de cette usine si bruyante d'ordinaire; mais il ne vit rien, n'entendit rien de ce côté, et il laissa échapper un profond soupir.

Mais bientôt l'énergie naturelle à son caractère sembla reprendre le dessus, et il murmura en pressant son front de la main, comme pour calmer les pensées qui s'agitaient dans son cerveau :

— Oui, il le faut ! je leur dois ce sacrifice... De quel droit viendrais-je troubler le repos d'une pauvre femme qui a expié sans doute par bien des années de larmes la faute de sa jeunesse ? De quel droit viendrais-je la faire rougir aux yeux de sa fille, cette belle et gracieuse enfant, habituée à la respecter et à l'aimer, aux yeux de l'honnête homme qui lui a donné son nom et qui peut-être n'a jamais soupçonné ce funeste secret ? J'ai voulu les voir l'une et l'autre, entendre le son de leur voix, au risque de me trahir par mon émotion ; maintenant je dois être satisfait ! ma mémoire aura une image fidèle à me reproduire lorsque je songerai à elles ; cela doit me suffire! Allons! qu'elles soient heureuses ; moi, j'irai mourir loin d'elles inconnu, et ma mort ne leur laissera pas même un regret...

En achevant ces mots, il se leva, jeta encore un regard dans la direction de la forge et se remit en route avec rapidité.

CHAPITRE VII.

VII

La lune n'était pas encore sortie de dessous l'horizon, et les teintes pâles que laisse après lui le soleil couchant s'étaient fondues depuis longtemps avec la couleur uniforme et foncée du ciel, en sorte que les étoiles seules jetaient une lueur scintillante et mobile sur la campagne.

Cependant, à mesure que le voyageur avançait dans la direction de l'auberge des Forgerons, un reflet rougeâtre colorait, comme une sorte d'aurore boréale, l'extrémité supérieure des arbres de l'avenue.

Léon, tout entier à ses réflexions, profitait, pour se conduire, de cette lueur sinistre, sans même songer à en rechercher la cause, quand tout à coup des cris lointains, mais qui lui arrivaient distincts à travers une atmosphère limpide et immobile, le firent tressaillir.

Il s'arrêta, et rendu alors au sentiment de la réalité présente, il jeta autour de lui un regard d'étonnement et de crainte.

Les cris qu'il avait entendus se renouvelaient de moment en moment dans la même direction, et le reflet lumineux semblait augmenter rapidement d'intensité.

Léon se remit en marche, impatient de savoir ce qui se passait à l'autre bout de l'avenue, et bientôt, à un détour du chemin, il poussa une exclamation d'effroi en apercevant tout à coup la cause de cette clarté extraordinaire qui se répandait sur la campagne : l'auberge des Forgerons était en proie à un incendie qu'il ne semblait déjà plus possible d'arrêter.

Léon crut d'abord que cette masse de feu n'était autre chose que la Buegne, cette montagne brûlante dont il avait déjà admiré plus d'une fois le solennel et terrible aspect pendant la nuit ; mais une seconde de réflexion suffit pour lui faire repousser cette idée ; la Buegne ne jette que fort rarement des flammes, et jamais par un temps chaud et sec comme celui de cette belle soirée ; d'ailleurs elle se trouvait dans une direction presque opposée à celle de l'auberge incendiée.

Alors seulement il se souvint des menaces que Sylvain l'insensé avait proférées le jour même contre l'auberge et les gendarmes qui l'occupaient, et il commença à soupçonner que la folie de cet homme pouvait bien ne pas être aussi innocente qu'on le croyait généralement.

En quittant la forge, il n'avait plus aperçu Sylvain, et maintenant qu'il se souvenait des avertissements vagues et incohérents que lui avait donnés cet homme, il ne pouvait plus douter que l'insensé ne l'eût précédé à l'auberge pour accomplir quelque affreux projet.

Il doubla donc le pas, plein d'inquiétude sur le sort de plusieurs papiers importants qui étaient avec sa valise dans une chambre de l'auberge.

A mesure qu'il approchait, les imprécations, les cris devenaient plus bruyants ; on entendait aussi un cliquetis d'armes et un galop de chevaux.

Léon allait enfin entrer dans la sphère lumineuse formée par l'incendie, quand il se sentit brusquement heurté par un homme qui s'esquivait en silence et dont les épaules étaient chargées d'un fardeau.

Léon porta vivement les mains en avant et saisit avec force le rôdeur de nuit en demandant d'une voix menaçante :

— Où allez-vous ? qui êtes-vous ?

Mais le mystérieux personnage, sans chercher à s'éloigner, se débarrassa de son étreinte avec une vigueur remarquable, et en même temps un éclat de rire sauvage et saccadé fit reconnaître Sylvain.

— Vous ici, misérable ! dit Léon, que

cette rencontre inattendue venait de confirmer dans ses soupçons.

Sans faire attention à ces paroles et au ton dont elles étaient prononcées, le fou répondit en ricanant :

— Je vous l'avais bien dit que l'archange Michel passerait par là ce soir ! Mais il vous protége, vous. Tenez, voici vos effets... Il n'en voulait qu'aux gendarmes, et les gendarmes ont échappé. Mais laissez faire, il saura bien les retrouver.

En même temps il remit à Léon une valise dont il était chargé et que le jeune homme reconnut sur-le-champ pour la sienne.

— Où avez-vous pris cette valise ? s'écria-t-il ; que signifie tout ceci ? Malheureux, savez-vous que vous avez commis un crime horrible et que bientôt...

— Silence ! interrompit brusquement l'insensé en prêtant l'oreille, les voici ; sauvez-vous...

En même temps il se jeta lui-même dans l'ombre que projetaient les arbres de l'avenue et disparut sans que le bruit de ses pieds nus sur le gazon pût trahir sa retraite.

Un cavalier arrivait au grand galop sur eux, guidé par le murmure de leurs voix, et Léon, autant pour éviter d'être renversé dans l'obscurité que pour atteindre Sylvain qui s'enfuyait, s'élançait déjà dans la direction opposée, lorsqu'une main robuste tomba sur son épaule, et en même temps la voix forte de Bourguignon appela au secours.

— A moi, camarades! s'écria-t-il ; je le tiens, je tiens le coupable ! Par ici !...

A ses cris trois autres gendarmes, dont un était à pied, comme Bourguignon, accoururent précipitamment et s'emparèrent de Léon, qui, du reste, ne faisait aucune résistance et se contentait de protester énergiquement de la voix.

— Pardieu, dit Bourguignon en le traînant dans un endroit plus éclairé et en l'examinant d'un air goguenard, c'est notre homme d'aujourd'hui, M. Léon *Tout-Court*. Ah! ah! il paraît que monsieur s'amuse à brûler des maisons! Eh bien! on me rendra la justice de convenir que je m'en étais douté.

— Je vous assure, messieurs, qu'il y a ici une erreur, s'écria le prisonnier; j'ai quitté l'auberge depuis plus de quatre heures, et je reviens des forges de Boussac, où j'ai eu le plaisir de voir M. Van Baert, le maire de cette commune.

— C'est ce que nous allons tirer au clair, reprit le gendarme; mais, en attendant, notre devoir est de nous assurer de vous. A propos, que tenez-vous là? quelle est cette valise?...

— Ce sont mes effets, que Sylvain, ce paysan atteint de folie, a sauvés de l'incendie et qu'il vient de me rendre ici à l'instant même... Je l'ai rencontré par hasard, et je ne doute pas que ce malheureux ne soit le véritable coupable.

— Ah bah ! monsieur Léon Tout-Court, voilà une histoire un peu extraordinaire, et vous croyez que nous buvons de ce bouillon-là? Merci ! il y a longtemps que nous ne sommes plus des conscrits. Avez-vous des cordes, vous autres? Je me défie des jambes de M. Léon Tout-Court : il en fait trop bon usage!

En même temps il se mettait en devoir de garrotter le malheureux jeune homme, à qui toute résistance était impossible.

— Messieurs, s'écria-t-il avec fermeté, songez à la grande responsabilité que va faire peser sur vous une pareille arrestation. Je suis étranger, il est vrai, mais je trouverai des amis, des protecteurs; votre chef le lieutenant Quentin lui-même...

Les trois autres gendarmes, qui n'avaient pas, comme Bourguignon, un motif d'animosité personnel contre Léon, semblaient disposés à mettre plus de douceur dans leurs procédés envers lui et à écouter ses explications avec patience; mais Bourguignon, qui était le chef, reprit d'un ton tranchant :

— Je prends sur moi toute cette responsabilité. J'ai été chargé de veiller sur cette maison, qui a été incendiée sans qu'on sache comment; un étranger, inconnu à tout le monde, est trouvé la nuit à quelque distance de l'endroit du sinistre et s'enfuyant avec ses effets sauvés on ne sait comment; ses réponses sont embarrassées, ses excuses inadmissibles; nous devons en déférer aux autorités supérieures. Si, comme il le dit, le coupable est ce fou vagabond que j'avais arrêté aujourd'hui, il faudra que monsieur explique ses relations avec lui; aujourd'hui il lui a donné de l'argent devant témoins, on les a vus faire route ensemble pour aller aux forges; le fou a sauvé les effets de M. Léon Tout-Court pendant que tout le reste était la proie des flammes; il y a dans tout ceci des présomptions assez fortes pour justifier l'arrestation de ce jeune homme, et je l'arrête. D'ailleurs c'est moi qui commande, et s'il y a des reproches à craindre, c'est sur moi qu'ils retomberont. Ainsi donc, à la besogne, et dépêchons.

Les gendarmes parurent convaincus par les raisons de Bourguignon, qui réellement de son point de vue pouvaient paraître spécieuses.

Ce fut vainement que Léon supplia, menaça; on ne l'écouta pas, et enfin convaincu de l'inutilité de ses efforts, il sembla se résigner à son sort, espérant qu'il lui serait facile de se justifier devant des hommes plus intelligents que ceux qui s'emparaient de lui.

Quand il eut les mains solidement liées derrière le dos, Bourguignon saisit une corde qu'on avait passée autour des reins du prisonnier et donna l'ordre à ses gens de monter à cheval.

— Où donc allons-nous le conduire? demanda un de ses compagnons.

— Où donc pourrions-nous aller sinon aux forges de Boussac, chez M. le maire? Le lieutenant Quentin doit y souper ce soir, et ils feront de M. Léon Tout-Court ce qu'ils voudront,

— Quoi! s'écria le jeune homme avec un accent déchirant, vous allez me conduire ainsi lié et garrotté, comme un criminel, dans cette maison où tout à l'heure encore...

— Eh bien, reprit Bourguignon en goguenardant, voulez-vous donc que nous mettions chapeau bas et que nous vous priions poliment de passer le premier!...

— Mais, Bourguignon, dit un des gendarmes en désignant l'auberge, dont une partie s'écroulait déjà au milieu des flammes, nous laisons là ces malheureux sans secours...

— Il y a assez de monde de ce côté, et notre service nous appelle. Allons! en route, et au trot....

— Mais je ne pourrai jamais vous suivre, dit Léon avec un douloureux gémissement; je suis épuisé de fatigue.

— C'est fâcheux! mais nous sommes pressés.

Et il murmura plus bas : — J'avais bien dit que tu me payerais mes deux jours d'arrêts.

Léon détourna la tête d'un air de mépris, et la caravane reprit rapidement le chemin des forges de Boussac.

CHAPITRE VIII.

VIII

Le même soir, toute la famille van Baert était réunie dans la salle à manger pour un souper d'apparat auquel assistait le lieutenant Quentin, fiancé, comme nous le savons, de la jeune demoiselle van Baert.

L'heure était assez avancée, parce qu'il avait fallu attendre l'officier de gendarmerie qui, pendant une partie de la journée, avait parcouru le pays à cheval, pour remplir la mission qui lui avait été donnée de s'emparer à tout prix des incendiaires qui désolaient la commune.

Mais ce retard n'avait fait qu'exciter l'appétit des convives, et le maître de la maison surtout faisait honneur aux mets étalés devant lui avec une prodigalité toute campagnarde.

Le lieutenant, malgré le rôle d'amoureux qu'il avait à soutenir en présence de sa fiancée, ne restait pas trop en arrière d'appétit avec son beau-père présomptif.

Jeune et robuste, il avait besoin de réparer les fatigues de la journée, et Anna observait malicieusement à part elle, de l'autre côté de la table, que les compliments un peu langoureux que lui adressait parfois son prétendant, ne lui faisaient pas perdre une bouchée.

Madame van Baert seule opposait un contraste frappant, par son air pensif et mélancolique, à la gaieté douce, à la sérénité peinte sur tous les autres visages, et, contre son ordinaire, elle oubliait d'avoir pour l'étranger ces petites attentions que toute maîtresse de maison croit devoir à ceux qu'elle reçoit chez elle.

Il est vrai que son mari n'éprouvait pas les mêmes distractions, et encourageait de la voix et de l'exemple son convive à bien faire.

Deux vieux domestiques de confiance servaient à table sans raideur et sans cérémonie, ne se gênant pas même de temps en temps pour placer leur mot dans la conversation.

Une grande lampe, dont la flamme était enfermée dans un globe de cristal dépoli, jetait dans toute la salle une vive clarté, et malgré l'air souffrant et contraint de la maîtresse du logis, ce petit festin avait une apparence d'entrain, de simplicité, de bien-être qui faisait plaisir à voir.

— Lieutenant, demanda en riant M. van Baert, vous avez oublié de me donner votre rapport officiel sur vos courses d'aujourd'hui. Que diable! quoique je n'aie pas mis mon écharpe de maire, je n'en suis pas moins le chef de cette expédition! J'avouerai que, tout entier au plaisir de vous voir arriver pour nous mettre à table, je n'ai pas songé jusqu'ici à vous presser de questions. Cependant causons un peu de l'affaire qui vraiment en vaut la peine. Avez-vous fait quelques découvertes aujourd'hui? vos hommes ont-ils arrêté quelqu'un de suspect?

— Personne que je sache, monsieur; cependant j'ai envoyé des détachements dans toutes les directions, et il est impossible que le coupable puisse longtemps se soustraire à nos recherches. Du reste, comme vous l'avez désiré, tout ce que l'on apprendra vous sera immédiatement transmis et on ne fera rien sans vos ordres.

— Eh bien, pour commencer à exercer mon autorité, lieutenant Quentin, je vous annonce que le quartier-général est établi ici même chez moi; et comme vous êtes mon état-major, j'entends que vous logiez ici tant que le besoin de votre service vous retiendra dans le pays. A votre santé, lieutenant !

— Je ne me plaindrai pas d'un pareil ordre s'il ne contient rien qui puisse être désagréable à ces dames, dit le militaire avant de porter à ses lèvres le verre qu'il venait de saisir pour faire raison à son hôte.

Le maître de forges vida le sien lestement et reprit avec gaieté :

— Je vous disais donc, Quentin, que nous ne saurions mettre trop de soin à découvrir les auteurs de tous ces affreux incendies. Savez-vous que, de bon compte, voilà cinq fermes ou habitations qui ont été brûlées par ces misérables? Véritablement, lorsque je me suis adressé au préfet pour obtenir une force armée imposante dans cette commune, je commençais à trembler pour moi-même. Si un malheur arrivait à cette usine, qui est toute ma fortune et (notez bien, lieutenant, notez bien cela) toute la fortune de ma fille, je serais complétement ruiné. Aussi, pas de ménagements, morbleu! arrêtez, arrêtez tout le monde... Diable! c'est que cela n'est pas une plaisanterie!

— Les ordres sont déjà donnés à mes

hommes, monsieur, et soyez assuré de leur zèle comme du mien pour préserver vous et votre aimable famille des malheurs dont vous parlez. Je crains même que nos gens ne soient trop sévères et qu'ils ne commettent encore des erreurs très-fâcheuses pour ceux qui en sont l'objet. Aujourd'hui même, là-bas, à l'auberge des Forgerons, n'ont-ils pas eu la maladresse d'arrêter deux personnes bien inoffensives...

— Il n'y a pas de mal, pas de mal en vérité, lieutenant! Que voulez-vous? on peut se tromper, mais il ne faut négliger aucune précaution. Quand il s'agit de l'intérêt, de la sûreté même d'honnêtes citoyens qui ne demandent qu'à vivre de leur industrie, on ne peut montrer trop de zèle à rechercher les coupables et trop de sévérité à les punir. Sans cela on serait pillé, brûlé, assassiné chez soi à chaque instant... Vous offrirai-je une aile de ce poulet, lieutenant? il est vraiment délicieux.

Le lieutenant accepta et répondit :

— Mais vous ne savez donc pas que les deux personnes arrêtées étaient de votre connaissance? L'une est un malheureux insensé qui vit en état de vagabondage, mais que je crois très-peu dangereux...

— Ah! oui, Sylvain, l'archange Michel, interrompit van Baert en riant; le pauvre hère, en effet, n'est pas dangereux! D'ailleurs, il a été une des premières victimes de ces incendiaires, à moins toutefois, comme on le prétend, que ce soit tout simplement le tonnerre qui ait mis le feu à sa ferme...

— L'autre personne, continua Quentin, est le jeune étranger dont ces dames ont parlé aujourd'hui même et à qui j'étais chargé de transmettre une invitation de votre part...

Madame van Baert, qui jusqu'ici avait paru ne pas écouter la conversation, releva la tête et demanda avec beaucoup de vivacité :

— Que nous dites-vous là, monsieur? Quoi ! ce jeune homme a été arrêté?...

— Oh ! un moment seulement, madame, et on s'est empressé de le relâcher aussitôt qu'on a eu reconnu l'erreur.

— N'importe, monsieur Quentin, dit d'un ton boudeur Anna, qui n'avait pas encore parlé, il est indigne qu'on ait pu soupçonner un jeune homme qui paraît si poli, si bien élevé !

— Celui qui a commis cette méprise a été puni, mademoiselle, et j'ai dû réprouver la violence avec laquelle on avait traité un étranger auquel vous et votre mère vous sembliez vous intéresser !

— A propos de ce jeune homme, dit M. van Baert en cessant tout à coup de manger, savez-vous que je lui ai trouvé un air et des manières bien extraordinaires? Ce que vous me dites là, lieutenant, me donne quelques soupçons. Après tout je ne sais pas qui il est, moi ; je ne le connais que pour l'avoir vu rôder autour de ma forge. Vous savez combien ces dames m'ont tourmenté pour que je lui accorde l'autorisation qu'il ne me demandait pas, dans la supposition, vraie ou fausse, que c'était un jeune homme désireux de s'instruire, et qui n'osait s'adresser à moi par timidité. Eh bien, savez-vous comment, après avoir reçu cette invitation par votre entremise, s'est conduit cet étranger? Il est tombé ici comme une bombe à la fin de la journée, et m'a remercié d'une manière entortillée de mon obligeance, me disant qu'il était pressé de partir et que demain il aurait quitté le pays; il nous tenait les discours les plus inintelligibles, il pleurait, il soupirait; c'était inimaginable, si bien que j'ai cru et que je crois encore qu'il est un peu timbré. Mais ce que vient de me dire Quentin est comme une révélation pour moi! Que diable, si on voulait mal interpréter l'insistance de ce jeune homme à pénétrer dans mon établissement...

— Oh! mon ami, pouvez-vous avoir de pareils soupçons! demanda madame van Baert avec chaleur; croyez-vous que la physionomie puisse être si trompeuse, et n'avez-vous pas compris que ce jeune homme...

— Eh! eh! je ne crois pas aux physionomies, moi, quand il s'agit de la sûreté de ma propriété!... Enfin, lieutenant, sait-on quel est son nom? ce qu'il vient faire ici?

— Il n'a qu'un prénom, dit le lieutenant en souriant, si j'en crois le brigadier qui a vu son passeport. Quant à la cause de son séjour dans la commune, il n'en donne pas d'autre que le désir de satisfaire sa curiosité.

— Tout cela ne me semble pas bien naturel, lieutenant Quentin, dit le maître de forges en secouant la tête, et sur ma parole, si demain ce jeune homme n'a pas quitté le pays, comme il l'a promis, il faudra que nous nous informions adroitement, sans l'humilier toutefois...

En ce moment un bruyant coup de cloche se fit entendre à la porte extérieure de la première cour.

Tous les assistants se regardèrent avec étonnement.

CHAPITRE IX.

IX

— Qui peut sonner ainsi à pareille heure? demanda Van Baert en interrompant son souper.

— Vous oubliez, monsieur, dit le lieutenant, que votre forge est maintenant le quartier-général de toutes nos troupes. Ce sont sans doute mes hommes qui viennent faire leur rapport, ou qui nous amènent des prisonniers...

— Vous croyez? Eh bien, Jean, allez voir ce que c'est, et si ce sont les gendarmes, revenez nous prévenir.

Le domestique sortit pour obéir aux ordres qu'il venait de recevoir, et M. Van Baert reprit en se mettant à table avec gaieté:

— Allons, lieutenant, voilà sans doute des affaires qui nous viennent : mettons à profit les minutes qui nous restent encore.

Mais cette fois ses exhortations et son exemple furent perdus pour tout le monde.

Le lieutenant, tout préoccupé par la responsabilité qui pesait sur lui, avait repris subitement toute sa gravité, et les deux dames étaient inquiètes et tremblantes dans l'attente de ce qui allait arriver.

Cinq minutes après le domestique rentra et parla bas à son maître. M. Van Baert se leva si précipitamment qu'il pensa renverser la table, et il s'écria d'une voix terrifiée :

— L'auberge des Forgerons a été incendiée et l'on nous amène l'un des coupables, dites-vous ? Voilà d'étranges nouvelles ! Allons, lieutenant, à notre poste ; il faut interroger ce misérable ! C'est une capture importante. Vous, continua-t-il en s'adressant au domestique, faites entrer l'escorte et le prisonnier dans mon bureau, nous allons nous y rendre à l'instant.

— Oh ! mon Dieu, que s'est-il donc passé ? demanda madame Van Baert.

— Jean, interrompit le maître de forges en retenant le domestique qui allait sortir, recommandez bien aux gendarmes d'avoir toujours l'œil sur leur prisonnier ! Diable, s'il allait mettre le feu ici ! Qu'ils ne le perdent pas de vue une seconde... Enfin, continuat-il, à quelque chose malheur est bon. On dédommagera le propriétaire de l'auberge, et on n'aura plus à craindre à l'avenir de pareils crimes dans le pays! Allons, lieutenant, allons bien vite savoir à qui nous avons affaire... probablement à un de ces vagabonds dont je n'ai pu encore délivrer entièrement le pays...

— Mon bon petit papa, dit la jeune fille avec curiosité, je voudrais bien le voir, permettez-vous...

— Y penses-tu, petite folle ! il te ferait peur, j'en suis sur ; et d'ailleurs cela n'est pas convenable.

— Et moi, demanda madame Van Baert avec agitation, me refuseriez-vous aussi la permission d'assister à cet interrogatoire?

— Comme vous voudrez, Cécile.... mais dépêchons.

En même temps il entraîna le lieutenant, et tous les deux sortirent de la salle, séparée seulement du bureau par une porte de communication.

Au moment où cette porte s'ouvrit, Mme Van Baert, qui hésitait encore à profiter de la permission que lui avait accordée son mari, et Anna, dont la défense expresse de son père avait augmenté la curiosité, jetèrent un regard rapide dans la pièce voisine.

Plusieurs bougies étaient allumées sur la table, et les gendarmes se tenaient près des portes et des fenêtres, pour garder les issues; le prisonnier était assis tout seul près de la table, le front appuyé sur sa main.

Un coup-d'œil suffit aux dames pour le reconnaître. Madame Van Baert pâlit et chancela.

— C'est l'étranger qui est venu ici aujourd'hui ! s'écria la jeune demoiselle avec saisissement.

Madame Van Baert sembla faire un violent effort pour surmonter sa faiblesse et posa un doigt sur sa bouche pour ordonner le silence à sa fille; puis elle s'avança vers la porte d'un pas mal affermi.

— Maman, ma bonne maman, qu'avez-vous donc? demanda Anna avec effroi; vous paraissez souffrante... Est-ce que vous avez peur aussi?

— Non, ma fille, murmura la mère d'un ton mystérieux et solennel; car je suis sûre, vois-tu, je suis sûre que ce jeune homme est innocent !

— Oh ! oui, il est innocent, répéta Anna avec vivacité, et si je pouvais vous dire...

Mais Cécile, sans l'écouter, se glissa furtivement dans le bureau et s'assit dans un coin obscur de manière à voir et à entendre ce qui allait se passer sans attirer l'attention sur elle.

Quand M. Van Baert et l'officier de gendarmerie avaient paru, le prisonnier s'était levé avec une politesse qui chez lui semblait naturelle et avait salué en silence ceux qui allaient décider de son sort.

Dans le mouvement qu'il fit, un rayon lumineux tomba sur ses traits et le fit reconnaître au maître de forge, qui, oubliant tout-à-coup l'impassibilité qu'exigeaient ses fonctions, s'écria avec indignation :

— Quoi! c'est vous, monsieur, vous qui aujourd'hui même... Oh! je comprends maintenant pourquoi vous rôdiez sans cesse autour de ma forge, et pourquoi vous aviez si grand désir d'y pénétrer! Quand je songe au danger que j'ai couru, moi qui étais assez fou pour vous appeler chez moi... Misérable! Mais, dites-moi, quel était votre but en méditant ce crime? Qui vous y a poussé? Que vous ai-je fait, à vous?

— Arrêtez, monsieur, interrompit Léon avec beaucoup de fermeté; votre colère vous fait oublier les égards que l'on doit à un accusé, et avant de m'injurier il faut au moins que vous soyez sûr que je suis coupable et que je ne suis pas de nouveau l'objet d'une cruelle méprise.

— Ce jeune homme a raison, dit M. Van Baert avec confusion ; je me suis laissé emporter comme un enfant, et mes craintes de propriétaire n'auraient pas dû me faire oublier que je ne suis ici que le maire de Boussac. Excusez-moi donc, monsieur, et soyez assuré que j'ai un désir sincère de vous trouver innocent.

En prononçant ces paroles, qui corrigeaient noblement son emportement instantané, il s'assit en face du prisonnier dont il ordonna qu'on déliât les mains.

Le lieutenant Quentin prit place à côté de lui pour l'assister comme greffier, et fit signe à Bourguignon qui avait commandé l'escorte de s'approcher et de rendre compte des circonstances qui avaient motivé l'arrestation.

Après avoir écouté attentivement ce rapport, le maire adressa au prisonnier les questions d'usage sur son nom et son âge.

Personne ne remarqua l'émotion pénible de madame van Baert, au moment où il déclara qu'il était sans famille et qu'il était né dans les environs de Paris en 1804.

L'interrogateur poursuivit et demanda à Léon comment il expliquait sa présence dans le pays et quelle réponse il pouvait faire aux soupçons qui s'élevaient contre lui.

— Je l'ai déjà dit, monsieur, répliqua le

jeune homme avec une simplicité courageuse ; je me suis arrêté dans ce pays par une curiosité, par caprice, si vous voulez, et je ne puis donner d'autre motif à mon séjour dans le voisinage de votre usine. Quant au crime affreux que vous m'imputez, réfléchissez, monsieur, qu'il se rattache à d'autres crimes qui l'ont précédé bien antérieurement à mon arrivée à Boussac ; je puis le prouver. Celui qui a incendié l'auberge des Forgerons est le même, sans nul doute, qui a déjà incendié d'autres habitations dans ce canton. Or le coupable est, j'en suis certain, ce malheureux insensé qui est connu sous le nom de Sylvain, et que j'ai vu aujourd'hui pour la première fois. Je ne sais par quelle bizarrerie il s'est intéressé à moi, mais il m'a suivi, il m'a fait dans son langage mystique des confidences relatives à certains malheurs qui menaçaient l'auberge incendiée ; confidences dans lesquelles je n'avais cru voir rien de sérieux. Il est probable qu'en obéissant à l'aveugle instinct de destruction qui l'a poussé à ce crime, il a voulu me donner une preuve de l'intérêt inexplicable qu'il m'a voué. C'est au moment où il venait de me remettre ma valise que le bruit des gendarmes l'a fait fuir; je courais à sa poursuite pour lui demander des explications et pour livrer moi-même à la justice un homme dont la terrible monomanie est devenue un fléau pour cette localité, lorsque j'ai eu le malheur d'exciter les soupçons.

M. Van Baert réfléchit quelques secondes et hocha la tête d'un air de doute en regardant le lieutenant occupé déjà à transcrire l'interrogatoire.

— Je vous avouerai, reprit-il en s'adressant à Léon, que votre récit me semble sur plusieurs points un peu difficile à croire.

Cette liaison d'un jeune homme bien né en apparence avec un vagabond privé de la raison, cette rencontre, cette valise sauvée d'une manière si étrange, tout cela me semble bien obscur et bien romanesque. Pour savoir jusqu'à quel point on peut accorder créance à cette histoire, il faudrait avoir des renseignements plus précis que ceux que vous donnez sur votre personne, sur les causes de votre voyage, sur la conduite inexplicable que vous avez tenue vis-à-vis de moi.

— Ainsi donc, monsieur, dit le jeune homme avec regret, vous aussi me croyez coupable? les raisons que je vous ai données ne vous paraissent pas suffisantes! Mais réfléchissez donc, de grâce! quel intérêt peut avoir un étranger, un voyageur, à incendier une pauvre auberge de village où il a laissé ses effets? D'ailleurs j'étais encore ici, près de vous, au moment où l'incendie a éclaté.

Quel intérêt? je n'en sais rien, car tout est mystère dans vos actions et dans vos paroles. Pour ce qui est de l'alibi que vous invoquez, mon devoir est de m'assurer s'il est réel ou même s'il est possible. Gendarmes, à quelle heure a éclaté l'incendie?

— A huit heures et demie environ, répondit Bourguignon après un instant de réflexion.

— Et vous, jeune homme, poursuivit le maître de forge, à quelle heure êtes-vous parti d'ici pour retourner à l'auberge?

— Mais, répondit Léon avec embarras, j'étais si troublé!... Je ne me souviens pas...

Van Baert attacha sur lui un regard soupçonneux et pénétrant.

— Et ce trouble ne pouvait-il pas provenir, reprit-il sévèrement, des reproches que vous adressait déjà une mauvaise conscience? Quelle raison donnerez-vous?... Mais je n'oublierai pas que mes défiances personnelles ne doivent pas peser dans la balance de la justice. Cependant, pour en revenir à l'alibi que vous invoquez, je pourrais, en rappelant mes souvenirs, vous prouver que vous avez eu le temps de retourner à l'auberge une heure au moins avant le moment où a commencé le sinistre ; mais j'aime mieux invoquer deux témoignages qui vous seront peut-être moins suspects que le mien... Faites appeler ma femme et ma fille, dit-il au vieux domestique auditeur muet de l'interrogatoire.

En écoutant cet ordre, le sang-froid et le courage qui avaient soutenu Léon jusque là parurent l'abandonner tout à fait. Il cacha son visage dans ses mains et murmura en sanglotant :

— Paraître ainsi devant elles ! oh ! quelle humiliation, mon Dieu !

CHAPITRE X.

X

A l'appel de son mari, madame Van Baert sortit lentement du coin obscur de la salle où jusqu'ici personne n'avait remarqué sa présence.

Elle était pâle, et sa physionomie portait

la trace des efforts qu'elle avait dû faire pour comprimer une pensée toujours prête à s'échapper de ses lèvres.

Quant à Anna, sans doute elle n'était pas bien loin au moment où son père avait donné l'ordre de la faire venir, car elle avait ouvert la porte de la salle à manger aussitôt que son nom avait été prononcé.

Toutes les deux s'avancèrent timidement, et M. Van Baert leur demanda encore une fois si elles se souvenaient de l'heure à laquelle Léon avait quitté l'usine.

— Il était sept heures environ, répondit madame Van Baert d'une voix altérée; les ouvriers venaient de quitter les ateliers.

— Oui, sept heures, ajouta la jeune fille toute intimidée de cet appareil imposant, et sans comprendre l'importance de ce qu'elle disait.

— Vous l'entendez! reprit le maître de

forges d'un air de satisfaction ; vous êtes parti d'ici une heure et demie environ avant le moment où l'incendie s'est déclaré, et il ne faut à de jeunes jambes comme les vôtres qu'une demie-heure pour aller d'ici à l'auberge des Forgerons. Vous voyez donc bien que l'alibi ne peut être admis et que vous devez chercher d'autres moyens de défense si vous voulez que j'ordonne votre mise en liberté.

Mais Léon ne l'écoutait plus ; il se tourna vers les dames et leur dit en attachant sur elles un regard de reproche :

— Et vous aussi, mesdames, vous vous placez parmi mes accusateurs et mes juges ? Ah ! je n'avais pas songé à ce malheur ; le plus grand et le plus poignant de tous ! Eh bien, puisque tout le monde m'abandonne, puisque je suis sans amis, sans protecteurs, pourquoi défendrai-je ma liberté et ma vie, que personne sur la terre ne peut songer à défendre?

Il se laissa tomber accablé sur son siége et resta comme anéanti.

Un silence pénible régna un moment dans la salle; la plupart des spectateurs étaient profondément émus.

M. Van Baert lui-même ne pouvait se défendre d'un peu de pitié pour ce jeune et malheureux étranger, qui, bien que les apparences fussent contre lui, protestait si énergiquement de son innocence.

Cependant, comme on a pu le deviner par la passion mal dissimulée qui perçait dans ses questions, l'honnête industriel était préoccupé d'un sentiment d'intérêt personnel qui pouvait lui exagérer les charges réelles de l'accusation.

La pensée d'un incendie qui eût dévoré cette magnifique usine dont il était si fier étouffait les sentiments d'indulgence qu'il eût ressentis pour un coupable ordinaire, et la possibilité d'un crime accompli sur un autre.

Enfin il songeait avec terreur à la vengeance que l'accusé pourrait exercer sur lui plus tard, si lui, Van Baert, commettait la faute de rendre la liberté à un vrai coupable.

Toutes ces réflexions se succédèrent rapidement dans son esprit, et il reprit bientôt en secouant l'attendrissement qui l'avait emporté pendant quelques secondes sur ses craintes égoïstes.

— Ne vous désolez pas, jeune homme, et écoutez un peu le langage de la raison. Les charges qui s'élèvent contre vous sont fortes, il est vrai ; mais, encore une fois, une grande franchise, un récit véridique des événements peuvent en diminuer et peut-être en détruire entièrement l'effet. C'est le mystère dont vous vous entourez qui donne à chaque circonstance de l'accusation une gravité nouvelle. Avouez toute la vérité ; la position dans laquelle vous vous trouvez est assez impérieuse pour que vous fassiez des sacrifices d'amour-propre, et pour que vous passiez sur bien des considérations. Dites-nous dans quel but vous vous êtes arrêté si longtemps dans ce pays ; dites-moi surtout (et vous comprenez combien j'ai le droit de tenir à une réponse catégorique), dites-moi quel a été le motif de cette opiniâtre investigation que vous avez exercée sur ma maison. Je sais maintenant que la mission que je vous supposais de surprendre mes secrets de fabrication n'était pour rien dans vos projets ; vous en êtes à peu près convenu vous-même. Si j'en croyais des apparences... trompeuses, je n'en doute pas, mais enfin des apparences auxquelles les circonstances actuelles donnent un certain poids, je pourrais croire plutôt que quelque concurrent jaloux vous a donné une mission encore plus coupable, celle de détruire par l'incendie cette propriété qui est toute ma fortune. Je n'accuse pas, remarquez-le bien ; je ne fais que tirer la déduction logique des apparences... Eh bien, rassurez-moi par un aveu sincère, prouvez-moi que vos intentions n'avaient rien de criminelles, ni contre moi ni contre personne; je ne demande qu'à être convaincu de votre innocence.

Cette question, qui, ainsi posée, semblait présenter à l'accusé une voie de salut, excita au plus haut point l'attention des assistants.

Tous les regards s'attachèrent sur lui, et on attendit avec impatience et curiosité ce qu'il allait répondre.

— Monsieur le maire, dit Léon d'une voix ferme, vous avez eu raison de penser que mon voyage et mon séjour ici avaient un but secret, mais je repousse de toute la force d'une conscience pure les intentions criminelles que vous m'avez supposées. Loin de vouloir du mal à vous et à tout ce qui vous touche, j'aurais appelé plutôt toutes les bénédictions de Dieu sur votre maison... Mais voilà tout ce que je puis répondre à votre question. Le secret que vous me demandez ne m'appartient pas, il intéresse le bonheur et le repos de plusieurs personnes qui me sont chères, et dussé-je mourir de honte, je ne les sacrifierai pas à ma propre sûreté.

Un soupir de regret sorti de toutes les poitrines accueillit ce refus franc et énergique du mystérieux étranger; plusieurs des auditeurs et M. Van Baert peut-être lui-même avaient conçu un espoir que cette résignation inconcevable venait de renverser tout à coup.

Anna se retira à l'autre bout de la salle pour cacher les larmes qui sillonnaient ses joues.

Quant à Mme Van Baert, elle était en proie à une agitation intérieure qui d'un moment à l'autre devait faire explosion au dehors.

— Allons, dit le maître de forges d'un air de dépit en se retournant du côté du lieutenant, puisque ce jeune homme est si obstiné, il ne nous reste plus d'autre parti à prendre que de valider son arrestation et de le mettre en lieu de sûreté jusqu'à demain. Notre tâche est finie, c'est au juge instructeur de commencer la sienne.

CHAPITRE XI.

XI

Les dernières paroles du maître de forges semblèrent vaincre les irrésolutions secrètes de madame Van Baert, spectatrice silencieuse sinon indifférente de la scène dont nous venons de rendre compte.

Elle se leva d'un air de détermination et s'approchant du petit tribunal improvisé, elle dit à son mari d'une voix calme et insinuante :

— Mon ami, pardonnez-moi si je désire intervenir, quoique ce ne soit pas l'usage, sans doute, dans l'enquête judiciaire que vous êtes chargé de poursuivre. Je ne puis vous dire comment m'est venue cette pensée, mais je jurerais devant Dieu que ce jeune homme n'est pas un misérable incendiaire, comme vous paraissez le croire. Je soupçonne, continua-t-elle en s'animant à mesure qu'elle parlait, que cet étranger se fait victime de quelque sentiment généreux dont il a seul le secret; vos menaces, vos reproches ne font qu'exalter son énergie et le raffermir dans sa résolution. Laissez-moi l'interroger moi-même, peut-être ce qu'il ne veut pas dire à des hommes revêtus d'un caractère officielle, il le dira à une femme dont il a excité la pitié et qui trouvera, je l'espère, un moyen de le justifier à vos yeux.

— Vous avez raison, Cécile, de penser que votre intervention n'est pas légale, dit M. Van Baert avec hésitation; cependant si vous pouvez nous aider a découvrir la vérité et si ce jeune homme consent...

— Oh! il consentira! dit madame Van Baert en cherchant à prendre un ton de confiance tranquille; oh! oui, n'est-ce pas, monsieur, que vous ne refuserez pas de me faire connaître l'important secret qui rend votre justification impossible? Vous êtes si jeune, vous ne pouvez encore désirer de mourir, et vous le savez, monsieur, il y va de la vie si vous laissez peser sur vous une pareille accusation! Écoutez : s'il le faut, je vous promettrai de ne révéler ce secret que lorsque vous m'y aurez autorisée. Vous ne le confierez qu'à moi... tout le monde s'éloignera afin que je puisse seule vous entendre! Et puis, vous le savez, une femme trouve parfois des expédiens auxquels un homme n'eût pas songé, surtout lorsqu'il se trouve dans l'état de trouble et d'agitation où vous êtes maintenant. Je vous en conjure, ne me refusez pas ! J'ai la pensée que je pourrai convaincre ces messieurs de votre innocence.

Léon versa quelques larmes et resta un moment sans pouvoir parler. Puis enfin joignant les mains d'un air d'enthousiasme.

— Oh! merci, madame, merci de votre pitié, de votre générosité ! s'écria-t-il ; vous me croyez donc enfin innocent quand tous les autres me croient coupable ? Vous voulez donc me sauver quand tout se réunit pour me perdre ? Oh! merci encore une fois; mais votre bonté, votre compassion ne font que me confirmer dans ma résolution; l'aveu que vous me demandez pourrait entraîner de grands malheurs pour d'autres à qui mon devoir est de tout sacrifier... Madame, pardonnez-moi ce que vous appellerez mon obstination et qui n'est rien que le sentiment de mon devoir, mais je ne puis pas vous répondre...

— Jeune homme, réfléchissez, je vous en prie, vous vous perdez... Je ne vous connais pas, je ne vous ai vu qu'une fois, et déjà je m'intéresse à vous comme une amie!... Oh! parlez, parlez de grâce. Je vous le demande au nom de ce que vous avez de plus cher, au nom de votre mère!

— Ma mère, répéta Léon avec un accent déchirant et en attachant sur madame Van Baert un regard de feu. Oh! Dieu m'est témoin que vous n'auriez pas vainement invoqué son nom si ce n'était d'elle-même et de son bonheur qu'il s'agit...

— Votre mère est donc dans ce pays? C'est pour elle peut-être...

Léon recula d'un pas et détournant la tête :

— Oh! par pitié, ne m'interrogez pas! s'écria-t-il, ne croyez pas mes paroles! Vous voyez bien que ma tête s'égare, que je ne sais plus ce que je dis... Non, ne me croyez pas, je suis fou, je ne puis rien dire!... Je ne dis rien!...

Et il reprit sa place en proie à un désordre d'idées qui tenait du délire. Madame Van Baert, dans un état peu différent du sien, alla se rasseoir à côté de sa fille, qui avait approuvé de la voix et du geste les généreux efforts qu'elle venait de tenter pour sauver l'étranger.

— Vous le voyez, dit le maître de forge en s'adressant à son acolyte, les prières, comme les menaces, échouent contre cette indomptable opiniâtreté, il n'y faut plus penser. On ne cache ainsi que des projets coupables que les juges apprécieront. Pour nous, songeons à clore le procès-verbal.

— Jean, continua-t-il en s'adressant au domestique, tu conduiras le prisonnier et ceux qui seront chargés de le garder à vue dans le pavillon de la cour des lamineurs; c'est un bâtiment entièrement isolé d'où l'incendie ne pourrait se propager dans le cas où... enfin suffit, je m'entends. On ne se repent jamais d'avoir pris trop de précautions.

— Avant de terminer l'interrogatoire, dit le lieutenant Quentin, un peu plus exercé que le digne maire aux formes de l'instruction judiciaire, ne devrions-nous pas visiter cette valise dont l'accusé était porteur au moment de l'arrestation? Elle contient peut-être des indices qui nous mettront sur la voie des découvertes...

— Il est bien tard, Quentin; cependant vous avez raison, jetons toujours un coup d'œil sur cette valise, que nous examinerons demain plus à loisir.

— Ma valise! répéta Léon avec effroi; oh! de grâce, messieurs, veuillez m'épargner cette douleur; ma valise ne contient que quelques papiers qui ne jetteront aucune lumière nouvelle sur les causes de ma présence ici, et qui sont pour moi du plus grand prix! Ce sont les lettres d'un ami qui n'est plus, du seul ami que j'aie eu jamais dans le monde...

— J'ai regret de vous refuser, monsieur, mais l'importance que vous mettez à soustraire ces papiers aux yeux de la justice est une raison de plus pour que nous insistions pour les voir... Il faut que nous remplissions les devoirs de notre ministère.

— Faites donc, messieurs.

Sans attendre cette permission dont ils n'avaient pas besoin, les gendarmes avaient apporté la valise sur le bureau et l'avaient ouverte afin que M. Van Baert pût procéder à l'inventaire de ce quelle contenait.

Quelques effets simples, mais propres et de bon goût, un peu d'argent, deux ou trois volumes dépareillés formaient toute la fortune présente du jeune étranger ; mais ce qui occupa le plus les deux inquisiteurs fut un portefeuille de cuir usé par un long service, et d'où s'échappa, dès qu'on l'ouvrit, une volumineuses correspondance.

M. Van Baert et le lieutenant cherchèrent avidement parmi ces lettres, toutes écrites par la même personne et de dates déjà assez anciennes, quelques notes, quelques pièces de nature à jeter un peu de clarté sur les mystérieux événements qui avaient amené l'arrestation de Léon; mais ils ne trouvèrent rien.

Ces lettres, pour la plupart froissées et maculées, peut-être par des larmes; étaient, avec le passeport que nous connaissons déjà, tous les papiers et tous les titres du prisonnier.

—Ces lettres sont toutes de la même main, dit le maire en les comparant rapidement, et la signature est illisible.

Voyez, Quentin, vous qui avez des yeux jeunes et clairvoyants, si vous pourrez déchiffrer ce griffonnage... le nom surtout; dites-nous le nom de celui qui a aligné tant de pattes de mouches. Pour moi j'y renonce, je l'avoue...

L'officier étudia un moment cette signature et lut enfin avec hésitation :

— Londres, 1827... Louis Duvernay.

En entendant prononcer ce nom encore

une fois, madame Van Baert se dressa par un mouvement machinal, les yeux hagards, le visage couvert d'une pâleur livide.

Le maître de forge, sans remarquer ce mouvement étrange, continua en s'adressant toujours à Quentin :

— Allons, mon cher lieutenant, encore un peu de courage ! Tâchez de déchiffrer quelque passage de l'une de ces lettres, au hasard, afin que nous sachions quelle était la nature des relations de notre prisonnier avec ce correspondant inconnu.

Quentin retourna la lettre dont il venait de lire la signature avec tant de peine et qui paraissait être l'une des plus récentes en date, puis il lut avec peine la première page, qui commençait ainsi :

« Mon cher enfant, vous devenez de
« jour en jour plus pressant pour que je
« vous révèle le nom de votre malheureux

« père et celui de la pauvre femme à qui
« votre naissance a coûté tant de larmes. Je
« vous ai dit pourtant bien des fois que cette
« révélation pouvaient amener de grands
« malheur pour vous et pour d'autres per-
« sonnes qui doivent vous être chères. Votre
« père, vous le savez, est mort avant même vo-
« tre naissance, et quant à votre mère, elle
« est aujourd'hui mariée et mère d'un au-
« tre enfant... »

Un cri d'Anna interrompit tout à coup cette lecture :

— Au secours ! disait la jeune fille d'une voix perçante. Maman se trouve mal ! elle est mourante... Au secours !

En effet ; madame Van Baert venait de se laisser tomber presque inanimée dans ses bras.

Son mari et Quentin s'élancèrent pour la secourir.

Mais déjà le domestique Jean l'avait placée dans un fauteuil.

Anna se désespérait; M. Van Baert avait perdu tout son sang-froid et semblait presque aussi effrayé que sa fille.

Tous s'empressaient autour de la malade sans lui porter de secours efficaces; et une vieille bonne, qui était accourue au bruit, ne faisait qu'accroître le trouble et la confusion.

Pendant que ceci se passait, l'autre extrémité de la salle était le théâtre d'une lutte inégale et non moins bruyante.

Léon, au cri qu'avait poussé Anna, s'était retourné vivement, et voyant madame Van Baert chanceler et tomber enfin évanouie dans les bras de sa fille, il avait voulu s'élancer vers elle.

Mais au premier mouvement qu'il fit, le gendarme Bourguignon, qui ne l'avait pas perdu de vue une seconde depuis le commencement de ce long interrogatoire, craignant sans doute qu'il ne voulût profiter de ce moment de désordre pour s'enfuir, était accouru avec ses camarades et se mettait en devoir de le lier de nouveau.

La rage du jeune homme était à son comble ; il se débattait avec frénésie entre les mains de deux gendarmes vigoureux qui s'étaient emparés de lui.

— Misérables! disait-il, laissez-moi approcher d'elle! C'est moi qui la tue. Oh! j'avais prévu ce malheur! Laissez-moi implorer mon pardon, la suplier à genoux... Oh! laissez-moi, je ne m'enfuirai pas, mais je veux la voir !

CHAPITRE XII.

XII

Ces paroles prononcées d'une voix saccadée furent perdues au milieu du tumulte, et personne ne chercha le sens mystérieux qu'elles pouvaient contenir.

Enfin, forcé de rester immobile et convaincu de son impuissance, Léon tomba dans un morne abattement.

Cependant l'évanouissement de madame Van Baert ne cessait pas. Anna, tout éperdue, s'agitait autour d'elle, pleurant, suppliant, appelant sa mère qui ne pouvait l'entendre, son père qui ne la comprenait pas.

— Pauvre Cécile! s'écria-t-il, je n'aurais pas dû souffrir qu'elle assistât à ce maudit interrogatoire! elle a pris à cœur les chagrins de ce jeune drôle, comme si le sort d'un pareil scélérat pouvait la toucher! Au diable, les incendiaires, les procès-verbaux, les interrogatoires!... nous verrons tout cela demain. Maintenant je ne dois penser qu'à ma pauvre femme. Allons, mes amis, prenez chacun un bras du fauteuil afin que nous la transportions ainsi dans sa chambre... Anna, aide-moi à la soutenir...

Les domestiques obéirent et on commençait à transporter avec toutes sortes de précautions la dame évanouie, quand M. Van Baert, à qui son inquiétude présente à l'égard de sa femme ne faisait pas oublier son inquiétude à l'égard de son usine, dit aux gendarmes en s'éloignant:

— Vous, messieurs, emmenez le prisonnier au pavillon que j'ai désigné, et qu'on le garde à vue. Demain il sera livré à la justice; vous me répondez de lui.

Cinq minutes après, les gendarmes, conduits par un domestique de la maison, traversaient un corridor qui conduisait au pavillon destiné à servir de cachot pour cette nuit.

Léon semblait ne plus avoir ni pensée ni volonté; il était plongé dans cet état d'anéantissement qui suit souvent les grandes émotions, et il se laissait conduire sans résistance et sans plainte.

Cependant, au moment où il passait devant la porte de l'appartement de madame Van Baert, il sembla se réveiller tout à coup en apercevant Anna qui s'élançait pour aller chercher quelque objet dont sa mère avait besoin :

—Anna... mademoiselle ! s'écria-t-il d'une voix suppliante, dites-moi, de grâce...

— Elle va mieux, elle commence à reprendre ses sens, répondit la jeune fille en le regardant d'un air de pitié.

Puis elle ajouta tout bas de manière à n'être entendu que de lui : — Espérez.

Avant que Léon eût eu le temps de comprendre ce mot, la jeune fille avait disparu à l'extrémité du corridor, et les gendarmes l'entraînaient de nouveau avec brutalité.

Ouf! dit Bourguignon aussitôt qu'il put donner carrière à sa verve de caserne sans avoir à craindre le contrôle de ses supérieurs, je ne sais si je me trompe, mais je crois que M. Léon Tout-Court ne couchera pas cette nuit dans de beaux draps.

— C'est mon opinion, répondit le grand Christophe d'un ton bourru.

Il était environ une heure du matin, et pourtant personne encore aux forges de Boussac n'avait songé à prendre du repos.

Le séjour du prisonnier et de ses gardiens dans l'usine, l'évanouissement extraordinaire qui avait donné de si vives inquiétudes sur la santé de la maîtresse de la maison, avaient tenu jusque-là tout le monde sur pied.

A chaque instant Anna descendait à l'office pour donner de nouveaux ordres; un domestique était parti à cheval et ventre à terre pour aller chercher un médecin à Aubin, et M. Van Baert, ne pouvant surmonter son impatience, venait à chaque instant demander des nouvelles de sa femme, qui, revenue de cette violente crise, avait désiré être seule quelques instants.

Anna, assistée de sa vieille gouvernante, se tenait dans la pièce qui précédait la chambre de sa mère, prête à accourir au moindre appel.

Assise près de la porte, elle écoutait sa respiration entrecoupée de sanglots, n'osant entrer contre la volonté expresse de la malade.

Depuis un moment il semblait qu'un peu plus de calme régnât chez madame Van Baert, lorsque deux ou trois coups timides et discrets furent frappés à la porte extérieure.

Anna se leva légèrement et alla ouvrir, s'attendant à trouver son père qui, de cinq minutes en cinq minutes, venait demander des nouvelles de sa pauvre Cécile.

Mais pour cette fois elle s'était trompée.

Ce fut le lieutenant Quentin qui entra sur la pointe du pied en disant à voix basse :

— Eh bien, mademoiselle Anna, comment va votre bonne mère ? Cette terrible crise est-elle enfin passée ?

Anna fit signe à son fiancé de s'asseoir près d'elle sans bruit.

Le lieutenant parut ravi d'une pareille faveur.

— Elle est mieux, je vous remercie mille fois, M. Quentin. Quand elle est revenue à elle, elle a pleuré comme un enfant, et elle a prononcé des paroles incohérentes que personne ne pouvait comprendre. Mais maintenant elle est plus calme ; tout à l'heure, j'ai entrouvert la porte et je l'ai vue assise dans son fauteuil, toute pensive et aussi immobile que si elle eût été endormie... C'est que cet évanouissement a été si terrible !

— Qui aurait pu penser que madame Van

Baert prendrait un si vif intérêt à ce jeune homme?

— C'est que ma mère et moi, monsieur Quentin, nous sommes convaincus que ce jeune homme n'a pas commis le crime affreux qu'on lui reproche.

— J'avoue, mademoiselle, que le crime ne me paraît pas suffisamment prouvé jusqu'ici, et que si, dans l'instruction, de nouvelles charges ne s'élèvent pas contre cet étranger, il sera sans doute renvoyé absous. Cependant...

— Et cependant vous vous intéressez à lui? dit la jeune fille avec empressement. Tout-à-l'heure ne m'avez vous pas permis de lui envoyer dans le pavillon qui lui sert de prison tout ce dont il peut avoir besoin? Vous avez permis aussi qu'on ôtat les cordes qui gênaient ses mouvements et déchiraient ses membres; oh! oui, vous êtes bon, monsieur Quentin, et je sais que vous ne refuserez jamais votre pitié aux malheureux qui l'invoqueront.

— Oui, sans doute, mademoiselle, pourvu que cette pitié ne nuise en rien aux devoirs rigoureux de mon service.

— Seulement dans ce cas? demanda la jeune fille en attachant un regard inquiet sur son fiancé : est-il bien vrai, monsieur, que vous croyez toujours devoir sacrifier vos sentiments personnels de générosité aux impérieuses exigences de votre état?

— Toujours, mademoiselle, répondit le lieutenant, piqué d'un pareil doute ; le devoir doit être plus cher à un soldat que toute considération, que la vie même.

— Vraiment! dit mademoiselle Van Baert, blessée à son tour, et d'un ton sec. Eh bien ! si je vous disais, moi : monsieur Quentin, à tort ou à raison, je m'intéresse à votre prisonnier : son innocence me paraît clairement prouvée, et je vous demande comme une grâce de lui rendre la liberté ?

— Vous savez d'avance, mademoiselle, ce que je répondrais à une pareille demande. Je puis faire à mademoiselle Anna, qui connaît bien mon amour et mon respect pour elle, tous les sacrifices possibles, excepté celui de mon honneur. Si elle a connaissance de quelque circonstance de nature à disculper légalement l'accusé, qu'elle me l'apprenne, ou plutôt qu'elle l'aprenne à M. Van Baert, qui commande ici avant moi, et si l'explication paraît suffisante à M. le maire, j'aurai le plus grand plaisir à relâcher mon prisonnier ; sinon...

— C'est bien, reprit la jeune fille de plus en plus blessée, vous voulez dire, monsieur, que vous ne ferez aucun sacrifice à une personne que vous dites aimer et que ses désirs ne sont pas des ordres pour vous ! Mais voici encore, monsieur, ce que je pourrais ajouter : vous avez sollicité ma main et vous avez obtenu le consentement de mon père et de ma mère, mais vous avez encore à obtenir le mien, et, comme vous m'avez refusé la première marque d'estime et de confiance que je vous aie demandée, vous ne l'obtiendrez jamais...

Quentin, menacé dans ses plus chères espérances, se relâcha de la gravité officielle qui le quittait rarement, et il reprit avec inquiétude :

— Vous êtes cruelle, Anna, et je ne puis comprendre la cause d'un caprice qui me met dans la douloureuse alternative de choisir entre vous et mon devoir. De grâce, retirez les cruelles paroles que vous venez de prononcer; jamais je n'ai compris comme aujourd'hui ce qu'il y a de pénible et de rigoureux dans les fonctions que j'exerce. Vous savez que je ne suis entré depuis peu de temps dans la gendarmerie que pour être le plus souvent possible près de vous, pour habiter le même pays que vous, en attendant que nous ne soyons plus séparés ; eh bien, si ces fonctions vous répugnent, si ce terrible devoir militaire qui se place entre vous et moi vous épouvante pour l'avenir, dites un mot... et à l'instant même j'enverrai ma démission...

Anna haussa les épaules d'un air dédaigneux. Quentin reprit bientôt :

— Au moins, mademoiselle, apprenez-moi comment ce jeune homme a pu exciter à ce point votre intérêt ; dites-moi pour quel motif vous mettez tant d'insistance...

— Je pourrais vous répondre, monsieur, que si vous avez réellement pour moi l'affection et le dévouement dont vous m'avez si souvent parlé, il doit vous suffire de savoir que ma mère et moi nous désirons une chose pour que vous nous l'accordiez... Cependant, je veux bien convenir avec vous que l'intérêt que je porte à ce jeune homme a un motif réel qui excusera sans doute mon insistance.

— Oh! parlez, de grâce, mademoiselle, dit Quentin en se rapprochant.

CHAPITRE XIII.

XIII

— Si je ne me trompe, monsieur, reprit Anna, ce qui a surtout excité la sévérité de mon père et par suite la vôtre à l'égard de cet étranger, c'est le silence absolu qu'il a gardé sur la cause de son séjour ici et sur les démarches qu'il a faites pour pénétrer dans nos ateliers. Mon père et vous, préoccupés de cette pensée que ce jeune homme ne pouvait avoir que de mauvais desseins, vous n'avez pas songé qu'on pouvait trouver à ces allées et ces venues, sans doute un peu singulières, une autre explication plus simple peut-être...

La jeune fille s'arrêta avec embarras et rougit en baissant les yeux.

— Et cette explication....

— Écoutez, reprit Anna en faisant un effort sur elle-même pour continuer, je sens bien qu'il n'est peut-être pas très-convenable que j'aie fait l'observation que je m'en vais vous communiquer; mais les circonstances sont assez graves pour que je sorte un peu de la réserve ordinaire aux jeunes filles, et je suis surprise que ni mon père ni vous n'ayez songé que... l'amour, peut-être, était la seule cause des démarches de ce jeune homme qui ont tant excité de soupçons !...

— L'amour, dites-vous? En effet cette idée....

— Je me trompe peut-être, mais il faut prévoir toutes les possibilités avant d'arriver à celle d'un crime. Ne serait-il pas possible donc, qu'après s'être arrêté un jour en passant, lui voyageur et curieux, devant la porte de la cour, il ait aperçu par hasard une jeune fille qu'il ne cherchait pas et qu'il ne connaissait pas; que cette jeune fille ait fait sur lui quelque impression, et que depuis ce jour le voyageur se soit fixé dans le pays et ait cherché à revoir la jeune fille dont la vue l'avait frappé? Ne serait-il pas possible que plus tard, se trouvant sous le poids d'une accusation terrible, il n'ait pas voulu, par délicatesse, mêler le nom de celle qu'il avait remarquée aux infamants débats d'un procès criminel...

— En effet, mademoiselle, il serait possible que ce jeune homme eût aussi osé vous aimer et...

— Quel que soit l'amour-propre que suppose un tel aveu, monsieur Quentin, je conviens que j'ai quelques raisons de le croire. Je n'ai parlé qu'aujourd'hui pour la première fois à ce jeune homme, mais pendant huit jours je ne pouvais faire un pas hors de la maison sans rencontrer son regard doux et mélancolique fixé sur moi. Cependant, je n'avais pas encore conçu les soupçons que je vous exprime en ce moment, lorsque j'ai remarqué qu'aujourd'hui en m'adressant la parole, sa voix était tremblante. Tous ces signes sont peut-être trompeurs; mais il me semble impossible d'expliquer la conduite et les paroles de cet étranger sans quelque motif secret, tel que celui dont je vous parle. Or, vous comprenez, monsieur Quentin, quel regret j'aurais toute ma vie si le moment d'attention que ce jeune homme m'a accordé et sa délicatesse à ne pas prononcer mon nom, parce qu'il sait peut-être que je suis promise à un autre, lui coûtaient une plus longue captivité ou de nouveaux chagrins!...

Quentin resta quelques minutes rêveur et muet; ce que venait de lui dire la jeune fille avait fait sur lui une grande impression; mais différente de celle qu'avait sans doute voulu produire mademoiselle Van Baert.

— Que ce jeune homme vous aime, mademoiselle, reprit-il d'un air chagrin, c'est ce que je m'explique sans peine; mais que vous-même insistiez avec tant d'instances... je pourrais supposer...

— Je vous comprends, monsieur; mais

la pitié que j'éprouve pour lui, l'estime que je ne puis m'empêcher de ressentir pour son caractère ne sont pas de nature à donner de l'ombrage à l'époux que je pourrai me choisir plus tard, quel qu'il soit. Dans toute autre circonstance, ce jeune homme, après s'être justifié toutefois de l'accusation qui pèse sur lui, ne pourrait trouver en moi qu'une sœur et une amie.

En ce moment la voix de madame Van Baert se fit entendre dans la chambre voisine.

La vieille servante, qui s'était endormie pendant cette conversation, s'éveilla en sursaut et entra précipitamment chez sa maîtresse. Anna se leva aussi pour aller auprès de sa mère; mais avant de quitter son fiancé elle lui demanda d'un ton ferme :

— Eh bien, monsieur, ai-je votre parole? Me promettez-vous de rendre la liberté à ce jeune homme?

— Mais, mademoiselle, songez qu'il y va de mon honneur ! Je serai destitué, déshonoré... Pourquoi ne pas vous adresser à votre père, qui seul a le pouvoir de renvoyer ce jeune homme sans rendre de compte à personne?

— Parce que mon père, homme positif, rirait peut-être de ce qu'il appellerait mon amour-propre de coquette; parce que mon père, tout bon qu'il est, redoute si fort un malheur pour son usine qu'un pareil soupçon est à ses yeux un crime digne de châtiment; parce qu'avant de m'adresser à lui j'ai voulu confier à votre honneur et à votre générosité..... Mais j'oublie, monsieur, que la nuit est très-avancée et que ma mère a peut-être besoin de mes soins. Je ne vous retiens pas davantage...

La servante sortit en ce moment de la chambre voisine.

— Madame désire parler à M. votre père à l'instant même, dit-elle à Anna.

— C'est bien, Marie, je vais le prévenir.

Quant à vous, montrez à monsieur la chambre qui lui a été préparée.

Puis elle prit cérémonieusement congé du pauvre lieutenant atterré par cette rupture inattendue, et elle sortit précipitamment en murmurant avec courage :

— Eh bien! je le sauverai seule!

Un moment après, M. Van Baert entra dans la chambre de sa femme. Cette pièce, meublée avec toute l'élégance et le confortable qu'on peut se procurer dans une campagne, était à peine éclairée par une seule bougie qui jetait sur tous les objets environnants un reflet mélancolique.

A cette lueur douteuse le maître de forge aperçut sa femme à demi couchée sur un canapé, en proie à une violente agitation.

Les pommettes de ses joues étaient rouges de fièvre, et ses yeux si doux et si calmes d'habitude avaient un éclat extraordinaire.

A la vue de son mari, elle se leva précipitamment et fit quelques pas au-devant de lui.

M. van Baert lui prit la main pour la reconduire à sa place en lui disant avec l'accent de la plus tendre affection :

— De grâce, ma bonne Cécile, ne vous fatiguez pas; eh bien, cette fâcheuse indisposition est-elle enfin passée? Oh! si vous saviez quelle mortelle inquiétude j'éprouve depuis quelques heures!

— Sommes-nous seuls? demanda madame van Baert en entrouvrant la porte pour voir s'il y avait quelqu'un dans la première pièce.

— Pourquoi cela, ma bonne? dit son mari au comble de l'étonnement.

— Parce que j'ai à vous révéler des choses qui ne doivent être entendues que de vous.

— Que voulez-vous dire, Cécile? vous avez un secret à me confier? Allons, quelque enfantillage encore, n'est-ce pas?

Madame Van Baert, par un mouvement subit, se jeta à genoux devant lui et s'écria avec explosion en joignant convulsivement les mains :

— Oh ! laissez-moi, laissez-moi prendre la seule attitude qui me convienne en votre présence !

— Vous à genoux devant moi, Cécile? qu'avez-vous donc fait? relevez-vous, je vous en prie...

Non, monsieur, je ne me relèverai pas, dit-elle d'une voix entrecoupée de sanglots, avant que vous ayez fait grâce à mon fils et à moi !

Les traits de M. van Baert se rembrunirent tout à coup et pirent une expression sinistre.

— Votre fils! répéta-t-il en reculant d'un pas; ne m'aviez-vous pas dit que vous n'aviez plus de fils? Vous m'avez donc trompé? Vous avez donc menti? Mais ce fils, où est-il? De qui me parlez-vous donc? Je ne vous comprends pas, madame, ou plutôt j'ai mal entendu.

— Oh! pitié, monsieur, dit la pauvre femme d'une voix brisée, pitié pour moi et pour le malheureux qui me doit la vie, car un mot de votre bouche peut nous tuer tous deux...

— Il est donc vrai! s'écria M. Van Baert avec un accent de rage, vous avez trahi vos devoirs, vous à qui j'avais déjà pardonné! et vous osez avouer que ce misérable, arrêté comme vagabond et incendiaire...

— Est l'enfant que j'avais cru mort et

dont je vous ai avoué la naissance avant de m'unir à vous! Oh! monsieur, je vous jure que si je vous ai trompé, c'est que j'ai été trompée moi-même, et aujourd'hui pour la première fois j'ai su ce qu'avaient fait des amis imprudents pour me sauver du déshonneur et de la honte... Monsieur, avant de condamner une femme que vous avez aimée ne lui accorderez-vous pas du moins la faveur de l'entendre?

M. Van Baert, revenu du premier mouvement de surprise et de colère, alla s'asseoir à quelque distance de sa femme en murmurant d'une voix étouffée:

— Vous avez raison, madame; je vous écoute.

CHAPITRE XIV.

XIV

Cécile resta un moment sans pouvoir parler; des sanglots soulevaient convulsivement sa poitrine et des larmes inondaient son visage.

Pendant cet intervalle de silence, son

mari ne se retourna pas vers elle et demeura sombre et irrité.

Enfin, surmontant sa douleur et son effroi, elle reprit d'un ton plus calme :

— Vous vous souvenez de mon père, M. Lambert, et vous savez avec quelle rigidité, quelle sévérité inflexible il a surveillé mon éducation. Je fus privée presque en naissant de ma mère, qui eût adouci peut-être par son indulgence et sa bonté les chagrins de mes premières années. Toute enfant, je gémissais de l'isolement dans lequel on me laissait et de la rigueur avec laquelle j'étais traitée.

M. Lambert, négociant et manufacturier, croyait ne devoir à sa fille que cette justice rigoureuse mais froide et sévère qu'il montrait à ses ouvriers et à ses correspondants. Il avait cherché à m'inspirer du respect et de la crainte, jamais de l'affection et de la confiance; à dix-huit ans, je ne connaissais aucun de ces sentiments d'amitié qu'on éprouve pour une mère, une compagne ou une amie.

Vous vous souvenez sans doute comment, à l'âge dont je vous parle, ma santé, affaiblie par la vie sédentaire et triste que je menais depuis m'on enfance, nécessita l'air de la campagne.

M. Duvernay, ancien associé de mon père, s'était retiré depuis quelques années avec sa sœur, mademoiselle Duvernay, bonne et digne femme à qui l'expérience du monde manqua plus tard pour me défendre, dans une jolie habitation qu'ils possédaient à une vingtaine de lieues de Paris.

Ce fut à ces bons amis que M. Lambert me confia, et sa soupçonneuse prévoyance ne devina pas alors à quels dangers sa faiblesse pour moi allait laisser exposée une jeune fille ignorante, et qui, pour la première fois, se trouvait affranchie de l'autorité paternelle.

Vous savez combien je fus imprudente et coupable, continua madame Van Baert en baissant les yeux. Un jeune officier, parent de Duvernay, se trouvait en même temps que moi à D***, et je ne sus pas fuir le danger que je ne connaissais pas et contre lequel personne n'avait songé à me prémunir. Nos amis ne s'aperçurent de ma faute qu'au moment où j'allais être mère.

Cette nouvelle fut pour eux comme un coup de foudre! Quel compte terrible allait leur demander M. Lambert de l'enfant qu'il leur avait donné en garde?

Cependant rien ne semblait encore désespéré; mon séducteur, honteux de son crime, voulut le réparer en m'épousant; mais on savait que mon père avait déjà des engagements envers vous. Duvernay fit a cette époque un voyage à Paris pour tâcher de le sonder sur ses projets à mon égard.

Duvernay revint sans avoir osé risquer cet aveu terrible; l'attitude de M. Lambert l'avait épouvanté pour moi et pour lui-même ; il nous eût tués tous les deux.

Mais ce n'était pas tout encore, un événement imprévu vint compliquer encore ma position déjà si affreuse. Mon séducteur, forcé de rejoindre son régiment, fut tué en duel avant même d'avoir pu me rendre l'honneur et donner son nom à notre enfant.

Je me trouvais donc condamnée au plus affreux supplice pour le reste de ma vie.

Heureusement on parvint à cacher à M. Lambert le malheur qui me frappait ; on lui écrivait de temps en temps que ma santé s'améliorait, mais que pour arriver à une guérison parfaite j'avais encore besoin de l'air de la campagne, et ainsi il me fut possible de donner le jour à mon fils sans éveiller les soupçons.

Cet enfant, monsieur, est né sous de tristes auspices.

A peine fut-il né qu'on l'arracha de mes bras, sans me donner le temps de l'embrasser. On le plaça en nourrice dans un endroit éloigné, et je ne l'ai jamais revu.

Quand je témoignai des craintes sur son avenir, on me dit que son père avait remis en mains sûres, au moment de partir, une somme assez considérable pour constituer sur la tête de l'infortunée petite créature une rente viagère, et d'ailleurs Duvernay me donna sa parole d'honneur qu'il veillerait sur elle et qu'il tâcherait ainsi de réparer la faute qu'il avait commise en ne me défendant pas contre le danger.

Je savais qu'il était incapable de manquer

à un engagement si solennel, et je dus me contenter de ces détails.

A cette époque je fus rappelé par M. Lambert.

Vous étiez déjà à Paris, et l'époque fixée par votre père et le mien pour l'accomplissement de leurs projets était arrivée.

On me signifia que j'eusse à vous épouser dans un bref délai.

Vous avez su mes souffrances et mes larmes; mais je ne voulais pas tromper un honnête homme qui recherchait ma main. M. Duvernay, avec qui j'entretenais une correspondance très-active et à qui je racontais tous mes chagrins, m'encourageait dans ces sentiments, et cependant je voyais dans chacune de ces lettres percer le regret que tout mon avenir eût été perdu par une seule faute.

Quoi qu'il en soit, au milieu des crises

terribles que j'avais à chaque instant avec mon père, je reçus à l'insu de tout le monde, par une lettre de Duvernay, la nouvelle que mon pauvre enfant, à peine âgé de quelques mois, venait de mourir chez sa nourrice.

Je ne doutai pas un instant de la réalité de ce malheur, que la santé chancelante de mon fils rendait possible, et je pleurai sincèrement dans le secret de mon cœur.

Cependant mon père devenait plus pressant de jour en jour et sa violence me faisait une nécessité de prendre promptement un parti. Je connaissais déjà assez votre caractère pour comprendre tout ce qu'il y avait en vous de noblesse d'âme et de générosité; je n'hésitai pas, je vous dis toute la vérité, je vous racontai l'histoire de ma vie, mes fautes, mes malheurs, mes remords, et je m'aperçus bientôt que vous étiez digne de toute ma confiance.

Quoique bien jeune alors, vous avez excusé mes fautes et vous avez pleuré avec moi; vous avez renfermé dans votre cœur ce secret, ce secret terrible dont la révélation m'eût fait rougir devant tout autre que devant vous qui m'aviez pardonné! En m'épousant vous vous êtes contenté de l'estime et de l'affection que je pouvais vous donner.

Oh! monsieur, après vingt ans d'une union si heureuse quelquefois et toujours si calme, laissez-moi vous remercier encore de n'avoir pas désespéré d'une pauvre femme qui au début de sa vie avait été coupable et pour qui tous les autres eussent été bien sévères, si vous n'aviez eu pitié d'elle!

Tout ce que je puis vous dire maintenant, monsieur, ne sera que des suppositions qui cependant ont pour moi tout l'évidence de la vérité.

M. Duvernay, dans son zèle imprudent à

me servir, a cru sans doute que je devais le malheur de toute ma vie à ce pauvre enfant, dont sa sœur et lui connaissaient seuls l'existence.

Il a eu le triste courage de me tromper, de déchirer mon cœur de mère... et depuis il ne leur a pas été possible de revenir sur un aveu mensonger qui avait déjà changé mon sort.

Cet enfant a grandi loin de moi, obscur et ignoré, sans famille, sans nom; à en juger par cette lettre dont on vous a lu aujourd'hui un passage, l'infortuné, qui se trouvait ainsi en dehors de la condition commune, gémissait de son isolement et suppliait Duvernay, son bienfaiteur, de lui révéler le secret de sa naissance.

Duvernay a résisté longtemps, sans doute; il y allait de votre bonheur, du mien, de celui de notre fille; j'ignore comment, après la mort de mon ancien ami, le malheureux jeune homme a appris toute cette triste et honteuse histoire de sa naissance; mais ses actions, ses paroles, son émotion à ma vue, tout me porte à croire qu'il n'ignore rien de notre situation présente et des sacrifices qu'elle lui impose.

Et maintenant, monsieur, il vous est facile d'expliquer les causes du voyage de ce jeune homme dans notre province, les démarches inexplicables qu'il a faites pour pénétrer dans cette maison, démarches qui ont fait supposer de si coupables intentions...

Sitôt qu'il a connu ce terrible secret, il n'a pu résister au désir de visiter le pays qu'habite sa mère, cette femme qui lui a donné le jour et qu'il n'a jamais vue; qui ne lui a jamais prodigué aucune caresse, qui ignorait même son existence!

Il s'est arrêté comme un passant et un voyageur sur le seuil de cette maison pour entrevoir sa mère, sa sœur, pour mendier un de leurs regards !

Quand, par une erreur funeste, il s'est trouvé sous le poids d'une accusation criminelle, il a mieux aimé supporter l'humiliation, l'infamie, paraître enchaîné devant deux femmes qu'il aimait, et qui devaient le mépriser, que de révéler à qui que ce fût ce secret qui allait détruire à jamais la tranquillité de cette maison !...

Il n'a pas prévu sans doute, en se résignant à souffrir seul, à porter seul tout le poids de cette honte, que j'aurais aussi le courage, moi, d'implorer pour lui votre pitié ; qu'après vingt ans d'affection, d'estime et de respect pour l'homme généreux à qui je dois plus que la vie, je viendrais me traîner encore à ses pieds en lui disant:

Grâce, monsieur, grâce pour une première faute que vous avez déjà pardonnée à l'épouse coupable! Grâce pour mon pauvre fils, qui ne doit pas porter la peine de mes erreurs!

Pendant ce long récit, M. Van Baert, d'abord si irrité et si sombre, avait rapproché peu à peu son siége de celui de sa femme.

A mesure qu'elle s'animait et qu'elle s'accusait noblement des fautes de sa jeunesse, s'en remettant tout entière à sa générosité, les nuages amassés sur le front du maître de forges se dissipaient; vers la fin du récit il s'était emparé de la main de sa femme, qu'il pressait doucement dans les siennes, et quand elle eut cessé de parler, il lui ouvrit les bras en murmurant avec l'accent d'une profonde pitié:

— Ma pauvre Cécile!

Ils confondirent un moment leurs larmes et leur douleur.

— Oh! mon ami, s'écria madame Van Baert avec explosion, je savais bien que je ne m'adresserais pas vainement à votre cœur! Vous m'avez purifiée par votre affection d'honnête homme, vous m'avez relevée à mes propres yeux en me montrant que j'étais digne encore d'estime et de respect... Eh bien! mettez le comble à vos bienfaits en sauvant mon fils.

— J'ai aussi à me faire pardonner ma violence de tout à l'heure, Cécile, mais, je vous en prie, ne parlons plus du passé, et songeons surtout au présent. L'existence de ce jeune homme, je vous l'avouerai, me semble un malheur et pour vous et pour moi, car il s'est placé entre nous comme le souvenir vivant d'une époque que je voudrais oublier et vous faire oublier à tout prix. Cependant je serai conséquent avec moi-même; je vous ai pardonné sa naissance le jour où vous m'avez révélé ce fatal secret : il faut maintenant que je tâche d'assurer sinon son bonheur, du moins sa tranquillité. Cependant il faut avant tout que nous sachions si vous ne vous êtes pas trompée dans vos suppositions, si ce jeune homme est digne...

— Oh! il est digne de vos bienfaits! interrompit Cécile avec chaleur; voyez avec quel dévouement il a gardé le silence, quand un mot de sa bouche pouvait me perdre, moi qui l'ai abandonnée, quand par une parole il pouvait expliquer sa conduite et obtenir sa liberté! Oui, mon ami, c'est un noble et généreux jeune homme, et en ce qui concerne les preuves de sa naissance, soyez sûr que je n'ai commis aucune erreur.

— Eh bien ! ma Cécile, je vais me rendre au pavillon à l'instant même.

— Et je vous accompagnerai, ajouta Cécile en se levant rapidement.

— Vous, Cécile ! mais songez donc que vous êtes malade, épuisée par les souffrances de cette affreuse soirée ! je crains...

— Oh ! j'aurai de la force, mon ami ! mais je veux être témoin de son étonnement et de sa joie quand il saura tout, car il saura tout, n'est-ce pas ? Je veux qu'il vous aime, qu'il vous adore comme un Dieu ! Et puis, s'il le faut, si notre repos à tous l'exige, je me séparerai de lui, je lui dirai adieu pour toujours... Mais il saura du moins ce que vaut l'excellent homme qui nous aura tous comblés de bienfaits !

En parlant ainsi, elle s'était enveloppée dans un grand châle, et, saisissant la bougie qui était sur la table, elle s'avança vers la porte avec une force et un courage incompréhensibles pour quelqu'un qui l'eût vue si faible et si abattue un moment auparavant. Son mari s'approcha avec inquiétude pour la soutenir; mais elle le repoussa doucement et elle marcha d'un pas ferme et assuré.

CHAPITRE XV.

XV

La première pièce de l'appartement était déserte, suivant l'ordre exprès de madame Van Baert, qui avait craint que quelque domestique indiscret ne pût entendre l'explication qu'elle devait avoir avec son mari. Toute la maison semblait endormie.

On n'a pas oublié que M. Van Baert avait jugé prudent de placer le prisonnier dans un bâtiment isolé, où il était gardé à vue. Pour arriver à ce pavillon, qui avait servi jadis de logement à l'un des principaux commis de l'usine et qui était situé à l'extrémité de la dernière cour, il fallait traverser de vastes ateliers qui, pendant le jour, regorgeaient d'ouvriers, mais qui dans ce moment étaient déserts et où l'on n'entendait que le bruit sourd et monotone de l'écluse voisine. M. et madame Van Baert, muets et pensifs tous les deux, traversaient l'un de ces ateliers, lorsque tout à coup, dans les profondeurs obscures de cette vaste pièce, ils aperçurent une ombre blanche et légère qui semblait chercher à se dérober à leurs regards. Ils s'arrêtèrent tous les deux, les yeux fixés vers cette espèce de fantôme, qui resta immobile. Cécile se rapprocha de son mari avec un vague sentiment d'effroi; mais celui-ci, plus étonné qu'effrayé par cette apparition, marcha droit au fantôme, qu'il saisit brusquement par le bras et qui poussa un petit cri de douleur. C'était sa fille Anna.

— Vous, mademoiselle, demanda-t-il avec sévérité, vous ici, à cette heure, courant la maison sans lumière ! Que signifie ceci, je vous prie ?

La pauvre fille était si émue qu'elle ne put que balbutier quelques paroles inintelligibles.

— D'où viens-tu donc ainsi, mon enfant? demanda sa mère avec plus de douceur; je ne comprends pas que tu ne sois pas couchée, comme je te l'avais ordonné.

Anna, ne pouvant ou ne voulant pas répondre, se mit à pleurer à chaudes larmes en baissant la tête.

— Voilà qui est bien extraordinaire ! dit M. van Baert, ne sachant plus que penser; allons, parlez, Anna ; il ne s'agit pas de pleurer maintenant. Qu'est-ce que c'est que cette clef que vous avez là à la main ? Dieu me pardonne, continua-t-il en l'examinant, c'est la seconde clef du pavillon où a été enfermé le prisonnier ! Que vouliez-vous faire de cette clef ?

Anna, voyant qu'il ne lui était plus possible de garder le silence, prit le parti d'avouer toute la vérité.

— Mon cher papa, ma bonne maman, dit-elle en joignant ces deux mains d'un air suppliant, ne m'accablez pas de votre colère!

— Encore une fois, méchante enfant, qu'as-tu donc fait ?

— Le prisonnier...

— Eh bien!

— Je lui ai rendu la liberté; il s'est enfui.

— Enfui! mais c'est impossible! il était gardé à vue!

Anna tout étonnée de voir que son père ne faisait pas retomber sur elle le terrible orage qu'elle avait redouté, reprit avec plus d'assurance :

— Pardonnez-moi, mon bon papa, ce que j'ai fait; mais je ne sais quelle voix secrète m'ordonnait de secourir cet étranger. Maman m'a dit qu'elle était sûre qu'il était innocent, et je l'ai vue pleurer en le voyant accuser; tout cela m'a décidée à le sauver. J'ai demandé sa grâce à M. Quentin, il me l'a refusée; vous, mon père, vous me l'eussiez refusée aussi. Alors, je ne sais comment m'est venu tant de courage; mais j'ai pris cette clef qui ouvre la petite porte du pavillon; j'ai attendu le moment où les hommes qui le gardaient étaient profondément endormis. Je suis entrée sans bruit, je lui ai fait signe de me suivre et je l'ai accompagné jusqu'à la petite porte sans qu'on se soit aperçu de sa fuite... Oh! de grâce, si j'ai mal fait, pardonnez-moi...

— Embrasse-moi, ma fille, dit madame Van Baert avec enthousiasme, tu as obéi, sans le savoir, à un sentiment sacré! Et dis-moi, Léon... ce jeune homme a-t-il fait quelques difficultés pour s'éloigner?

— Oui, maman; et j'ai même été obligée de lui dire...

— Quoi donc?

— Que c'était vous qui m'aviez envoyée. Alors il m'a baisé la main et il m'a dit d'une voix dont le souvenir ne me quittera plus : « Mademoiselle, votre mère et vous avez le droit de me demander les plus grands sacrifices, car...

— Tout ceci est très-mal, mademoiselle, interrompit M. Van Baert d'une voix qu'il cherchait à rendre sévère. Vous ne savez pas combien de personnes vous avez compromises par vos folies romanesques et...

Tout à coup, la voix expira sur ses lèvres; il pâlit et resta immobile dans l'attitude de l'attention et de la terreur. Au milieu du silence de la nuit, la cloche qui pendant le jour appelait les ouvriers de l'usine au travail venait de se faire entendre tout à coup, sonnée à grande volée par une main invisible, et en même temps une voix lugubre fit entendre à l'autre extrémité de la maison le terrible cri d'alarme : Au feu ! au feu !

M. van Baert bondit comme un lion qui vient de se sentir blessé. Ses traits prirent une indicible expression d'effroi et de colère.

Il s'élança à l'autre extrémité de l'atelier, en ouvrit la porte et de là il aperçut un vaste incendie allumé dans la cour où l'on réunissait d'ordinaire la houille et les autres combustibles pour les besoins de la forge.

Les deux pauvres femmes l'avaient suivi machinalement ; quand elles aperçurent la cause de cette alerte, elles commencèrent à pousser des cris lamentables en cherchant à fuir. Mais M. Van Baert, les saisissant chacune d'une main avec une force surnaturelle, les força de contempler les flammes qui commençaient à s'élever au niveau des bâtiments, et leur dit avec un singulier mélange d'ironie et de rage :

— Regardez ce que vous avez fait toutes deux : voilà, mademoiselle, comment se venge de moi celui que vous avez sauvé ! Voilà, madame, comment votre fils reconnaît les bienfaits dont je voulais le combler.

— Mon fils, ce n'est pas lui, monsieur ! Je vous jure que ce n'est pas lui !

— Votre fils? s'écria Anna, quoi ce jeune homme que je viens de sauver... Oh ! je m'explique donc enfin ce sentiment inconnu...

M. Van Baert ne les écoutait plus ; il s'était précipité comme un fou vers la maison en appelant au secours.

Bientôt l'usine entière ne présenta qu'un tableau d'horreur et de confusion.

Les chefs d'ateliers, les ouvriers privilégiés, les domestiques qui logeaient à la forge s'étaient levés au signal d'alarme qui venait de se faire entendre.

Les gendarmes, dont la surveillance avait été mise en défaut, étaient accourus au bruit, espérant peut-être que ce tumulte était causé par l'évasion de leur prisonnier, auquel on ne songeait guère, et qu'ils pourraient réparer promptement leur faute en s'emparant de lui encore une fois.

Le lieutenant Quentin parut aussi, ignorant la cause de cette alarme subite, et M. Van Baert n'eut qu'un mot à dire, en désignant la partie de l'usine où il avait aperçu le commencement d'incendie, pour être compris ; tous s'élancèrent à sa suite en s'encourageant l'un l'autre.

Les bâtiments de l'usine, dans leur ensemble, formaient une espèce de carré long dont un des petits côtés faisait face à la grande avenue, et dont le côté opposé était adossé à la rivière.

L'intérieur de ce carré était occupé, outre la cour d'honneur que nous connaissons déjà, et où était située l'habitation du propriétaire, par trois autres cours dont l'une, parallèle à la cour d'honneur, avait la même largeur, et dont les deux autres plus petites étaient séparées seulement par une espèce d'atelier dont les machines étaient mises en jeu par la grande roue placée dans le courant d'eau à l'extérieur des bâtiments.

C'était dans une de ces cours, séparée ainsi de la rivière par un simple mur, assez élevé cependant pour que dans les inondations l'eau ne pût passer par dessus, qu'étaient placées les principales provisions de combustibles ; des amas de houille et de bois remplissaient les hangars dont elle était entourée.

On comprend par cette disposition qu'il avait été facile d'aller et de venir dans la partie antérieure de l'usine sans s'être aperçu de l'incendie, qui couvait à l'autre extrémité dans l'angle le moins fréquenté de l'habitation.

Du pavillon même où Léon avait été enfermé dans la cour voisine on n'avait pu rien voir, jusqu'au moment où l'incendie prenant de l'intensité s'était attaqué aux charpentes des hangars, et tous ceux qui s'étaient rendus au pavillon ou qui en étaient sortis avaient eu probablement assez à s'occuper de leurs affaires pour ne pas faire attention à ce qui se passait derrière une muraille voisine.

Dès que M. Van Baert arriva, il reconnut d'un coup d'œil qu'il y avait possibilité d'arrêter l'incendie en coupant promptement la communication des toitures et en isolant les matériaux en ignition entre les quatre murailles qui entouraient la cour.

Il communiqua rapidement son projet au lieutenant Quentin, qui l'approuva d'un signe; et, saisissant une hache qui était à sa portée, il cria à ceux qui l'entouraient:

— Allons, mes amis, du courage! Le

dommage ne sera peut-être pas très considérable si nous arrivons à temps. Il s'agit de votre existence comme de la mienne! Allons, ferme! à l'ouvrage! Sur les toits et coupons tout! Il faut que nous allions plus vite que le feu!

CHAPITRE XVI.

XVI

Tous les travailleurs dont le maître de forges pouvait disposer ne formaient pas plus d'une quinzaine de personnes, y compris les quatre gendarmes et le lieutenant Quentin, qui, il est vrai, ne s'épargnèrent pas plus que M. Van Baert lui-même.

En un clin d'œil on vit cette petite troupe courir sur les toits menacés, frappant avec une espèce de fureur la charpente et les tuiles qui volaient en éclats.

Les haches brisaient tout ce qu'elles ne pouvaient couper, et au bruit des poutres qui tombaient, de la crépitation des flammes qui consumaient ce qu'on leur avait abandonné, M. Van Baert, nu tête, à quelques pieds seulement du foyer de l'incendie, encourageait les travailleurs de la voix et de l'exemple.

Cependant, telle était la chaleur qui se dégageait de la houille embrassée, que le moment paraissait prochain où les travailleurs devraient reculer devant cette épouvantable température.

Des bois situés à peu de distance s'enflammaient sans qu'aucune étincelle en fût approchée, et les murailles qui formaient les parois de la cour s'étaient fendues de haut en bas par la force du feu.

M. Van Baert lui-même, dont la hache tout émoussée avait déjà fait disparaître autour de lui une aile entière d'un des hangars, pensa qu'il faudrait reculer encore devant ces terribles flammes auxquelles sans doute on n'avait pas fait une assez large part.

Au moment ou il jetait autour de lui un regard de mortelle angoisse, il aperçu tout en face de lui, sur la muraille qui longeait le cour de la rivière un travailleur dont les flammes et la fumée qui s'élevaient entre eux deux ne lui permettaient pas de distinguer les traits. Cet homme debout, n'ayant pour tout vêtement qu'un pantalon et sa chemise, qu'il semblait avoir mouillés à l'avance dans l'eau de la rivière, bravait la température infernale qui devait l'accabler à ce poste périlleux, et armé d'une des barres de fer qu'on trouvait à chaque pas empilées dans les cours et les ateliers, travaillait avec une ardeur inconcevable à desceller les pierres et à faire une brèche dans la muraille. M. Van Baert comprit aussitôt quel devait être le résultat de cette manœuvre; la cour était au-dessous du niveau de la rivière, et quand la brèche serait assez profonde, l'eau, se précipitant dans la cour, éteindrait en quelques minutes cet immense brasier. Il semblait que le travailleur fut depuis longtemps à l'ouvrage, car plusieurs grosses pierres avaient déjà roulé dans la fournaise et il ne restait plus que quelques efforts à faire pour atteindre le point où les eaux devaient faire irruption.

A cette vue, M. Van Baert ne put contenir sa joie. Il battit des mains avec un enthousiasme d'enfant et cria d'une voix retentissante au courageux travailleur :

— Bien, bien, camarade! c'est cela! Vous allez nous sauver tous... et je vous récompenserai comme un roi du service que vous me rendez!... Courage, vous autres, continua-t-il en s'adressant aux sapeurs, encore un moment et ce brave jeune homme que vous voyez là-bas aura fait cesser tout le danger...

Le travailleur ne sembla pas avoir entendu ces promesses et ces encouragements, soit que le bruit de l'incendie et des coups de hache eussent couvert la voix de M. Van Baert, soit que le danger fût trop pressant pour qu'il eût le loisir de répondre.

Quelques minutes se passèrent encore pendant lesquelles la chaleur devint si insupportable autour des ouvriers que plusieurs furent forcés de reculer. Leur poste n'était plus tenable sur un talus de briques déjà miné par le feu. M. Van Baert jeta les yeux dans la direction où il avait aperçu un moment auparavant l'ouvrier de la muraille, mais une vaste nape de flamme s'était élevée entre eux et il ne paraissait plus.

— Oh! il a péri, pensa le maître de forges avec un profond désespoir.

Au moment où il parlait, un bruit épouvantable se fit entendre au dessous de lui; c'était comme le bouillonnement des laves liquides dans le cratère d'un volcan, un grondement sourd comme celui d'un tonnerre lointain; en même temps, des tourbillons d'une vapeur noire et épaisse mêlée de cendre et de fumée montèrent rapidement vers le ciel et obscurcirent l'atmosphère illuminé un instant auparavant par une brillante clarté. M. Van Baert comprit que les eaux venaient enfin de faire irruption au milieu du foyer de l'incendie.

— Éloignez-vous, éloignez-vous tous! cria-t-il aux travailleurs; vous serez étouffés par cette vapeur brûlante! Laissez faire la rivière, mes amis; elle est plus puissante que nous.

En effet, un quart d'heure après, la cour était entièrement inondée et le dernier charbon s'était éteint en sifflant dans l'eau noire et fétide qui se répandait dans l'usine. Quant aux poutres et aux charpentes qui brûlaient au-dessus du niveau d'eau, quelques coups de hache en eurent bientôt fait justice, et au moment où le jour parut il n'y avait plus rien à craindre pour les bâtiments principaux, qui tous étaient restés intacts.

Au moment où tout finissait, les ouvriers employés à l'usine et les paysans du voisinage accouraient de tous côtés pour porter des secours. L'alarme s'était répandue rapidement ; mais la scène que nous venons de décrire avait été si courte que tous ces renforts arrivèrent lorsqu'il n'y avait plus rien à faire qu'à réparer les dégâts. Quand M. Van Baert, suivi des autres travailleurs, descendit dans la cour principale, où la foule était réunie, rien n'eût pu distinguer l'opulent maître de forge du dernier de ses forgerons. Ses vêtements étaient brûlés en plusieurs endroits, son visage était noirci par le charbon et la fumée, sa hache brisée entre ses mains et il semblait épuisé de fatigue.

Il s'arracha promptement aux transports de sa femme et de sa fille et, élevant la voix, il demanda à ceux qui l'entouraient :

— Mes amis! quel est celui de vous qui, au péril de sa vie, a pratiqué cette brèche à la muraille et nous a tous sauvés? Où est-il, que je l'embrasse, que je le remercie! Je lui dois plus que la vie!

Tous les auditeurs se regardèrent en silence, et un de ceux qui avaient travaillé avec le plus d'ardeur répondit tristement:

— Je crains bien, maître, que celui dont vous voulez parlez ne reçoive jamais vos remercîments. Je n'étais pas bien loin de lui, et au moment où l'eau a commencé à se précipiter dans la cour je l'ai perdu de vue tout-à-coup, et je crains bien...

— Oh! cela n'est pas possible! un si brave homme! Je donnerais la moitié de ce que je possède pour que vous vous soyez trompé. Mais au moins quelqu'un a-t-il remarqué ses traits? pourrait-il le reconnaître?

Personne ne répondit cette fois.

— Voilà qui est bien extraordinaire! dit M. Van Baert avec chagrin.

En ce moment un autre ouvrier qui revenait du lieu même qui avait été le théatre de l'incendie fendit la foule et présenta à M. Van Baert une redingote et une barre de fer toute souillée de sang qu'il avait trouvées sur la muraille près de la brèche. La redingote était à moitié consumée, et cependant on reconnaissait encore à la finesse du drap à l'élégance de la coupe, qu'elle n'avait pas dû appartenir à un ouvrier.

— Tenez, maître, voici ce que nous avons trouvé, dit l'arrivant d'un air de tristesse; le pauvre diable qui a porté ce vêtement et qui s'est servi de cette barre n'est probablement plus de ce monde !

— Je reconnais cette redingote, dit le gendarme Bourguignon d'un air étonné, c'est celle du prisonnier qui s'est évadé cette nuit...

— Et vous dites qu'il est mort ! demanda madame Van Baert d'une voix tremblante.

— Tout le prouve, madame !

La pauvre femme tomba dans les bras de son mari en murmurant :

— Vous voyez bien qu'il était digne de vous ! il est mort pour sauver votre fortune !

Le surlendemain du jour (il faudrait dire peut-être de la nuit) où s'étaient passés les événements que nous venons de raconter, M. Van Baert et le lieutenant Quentin, enveloppés de leurs manteaux, gravissaient péniblement la crête d'une de ces montagnes arides et nues dont nous avons cherché à donner une idée au commencement de cette histoire. Il était environ quatre heures du matin et les étoiles ne faisaient que commencer à s'éteindre une à une dans la teinte légèrement orangée qui se répandait à l'Orient. Toute la vallée au-dessous des voyageurs était encore enveloppée dans des ombres et des brouillards qui ne permettaient d'en saisir aucun détail. Une brise humide et froide qui sifflait par rafales sur les rocs calcinés justifiait la précaution qu'avaient prise les voyageurs de se munir de leurs manteaux, précaution qui eût pu paraître extraordinaire, au cœur de l'été, à des gens peu habitués aux températures extrêmes des pays montueux.

En arrivant au sommet de la montagne, à l'endroit d'où le regard pouvait embrasser à la fois et la vallée riante au milieu de laquelle s'élevaient les forges de Boussac et le pays désert et désolé qui s'étendait à partir du revers opposé, M. Van Baert s'arrêta un moment pour reprendre haleine, et s'asseyant sur un rocher au bord du chemin, il dit à son compagnon à voix basse, comme s'il eût craint d'être entendu au milieu de cette solitude :

— Ouf! voilà le plus difficile de fait!

Pourvu que ma femme et ma fille n'apprennent pas à leur réveil que j'ai voulu prendre part à cette petite expédition ; elles seraient de force à venir dans leur calèche me relancer jusqu'ici. Mais quelque soit la confiance que j'ai en vous, mon cher Quentin, je ne veux m'en rapporter qu'à moi pour opérer l'arrestation de ce misérable fou, qui a fait à lui seul dans la commune plus de ravage que toute une armée ennemie. Êtes-vous sûr au moins que vos dispositions sont bien prises et qu'il lui est impossible de nous échapper?

— Ne craignez rien à ce sujet, répondit Quentin du même ton. A vingt pas de ces arbres, continua-t-il en désignant du doigt le bouquet de chênes dont nous avons parlé, vous pouvez déjà apercevoir sur la gauche l'entrée de la grotte où ce misérable Sylvain s'est refugié. Hier au soir deux de mes hommes qui rôdaient dans le voisinage, en habit de bourgeois, l'ont poursuivi et l'ont vu entrer dans ce rocher. Ils allaient s'emparer de lui quand, en s'approchant, ils ont entendu distinctement plusieurs voix dans l'intérieur. Alors pensant avec raison que ce Sylvain pouvait avoir des complices qui profiteraient de l'obscurité de la nuit pour s'échapper si l'on n'était en force pour s'emparer de tous à la fois, l'un d'eux est venu me prévenir tandis que l'autre restait en observation à quelques pas de là. Vous savez le reste; j'ai posté tout le monde à l'entour, de manière à ce que personne ne puisse sortir sans être aparçu, et maintenant que voici le jour, il est certain qu'aucun n'échappera. Tenez, voyez-vous déjà ces points noirs et immobiles qui forment comme un cercle autour de la grotte? La nuit a dû être rude pour ces pauvres diables!

— C'est bien, Quentin; je reconnais votre zèle et votre sagacité ordinaire; on ne peut prendre trop de précautions contre un homme aussi dangereux. Cependant je vous avouerai que je ne crois pas aux complices qu'on lui suppose; le maître de cette auberge qui a été brûlée avant-hier a déclaré positivement que Sylvain était le seul coupable; on l'avait vu entrer un moment avant le sinistre dans l'écurie où l'incendie a d'abord commencé, et il a été bien reconnu que personne n'avait pu l'aider dans l'exécution de cet abominable projet...

— Mais, monsieur, vous oubliez que Sylvain n'aurait pu pénétrer chez vous la même nuit lorsque le feu s'est déclaré dans votre usine, s'il n'avait eu quelque complice à l'intérieur...

— Je vous comprends, monsieur, dit Van Baert d'un air sévère: toujours les mêmes soupçons injustes contre le jeune homme qui m'a rendu cette nuit-là de si grands services! Mais vous oubliez aussi qu'il a été constaté que de l'extérieur de l'usine on avait très-bien pu jeter par-dessus la muraille un corps enflammé quelconque capable de déterminer l'incendie du charbon; vous oubliez qu'il a été constaté encore qu'au moment où ce jeune homme a trompé la surveillance de ses gardien, l'incendie était dans toute sa force et devait déjà avoir couvé pendant plusieurs heures... Enfin, monsieur, je crois vous avoir dit qu'actuellement je connaissais parfaitement cet étranger, et que si, par bonheur, il existait encore, je vous demanderais d'avoir pour lui les égards et l'affection que vous pourriez porter à mon propre fils... Que diable! ajouta-t-il en s'interrompant, vous m'en feriez dire plus que je ne voudrais!

— Votre fils! répéta Quentin d'une voix

altérée; avant de consentir à donner la main de votre fille à ce jeune homme, quel que soit son rang, je vous ferai remarquer...

— Donner la main de ma fille à ce jeune homme !

— Ce n'est qu'ainsi que je puis m'expliquer l'affection que vous, madame Van Baert et surtout mademoiselle Anna, lui portez tous.

— Voilà bien des sornettes, monsieur le lieutenant, dit Van Baert d'un ton moqueur en se levant, et si vous saviez la vérité... mais je ne vous dirai qu'une chose: c'est que, lors même que Léon aurait échappé à la mort, ce qui est possible, puisque son corps n'a été retrouvé nulle part, ni dans la rivière ni dans les décombres de l'incendie, ce ne serait pas l'affection que nous lui portons et celle qu'il peut avoir pour nous qui seraient cause de la rupture de votre mariage avec ma fille...

Mais ce n'est pas de tout ceci qu'il s'agit. Voici le jour qui se lève et il est temps de rejoindre vos hommes. Ainsi donc prenez votre gourde, buvez un coup, car ce brouillard est très-malsain, et en marche : nous causerons de tout cela plus tard.

Quentin, un peu rassuré, accepta sans se faire prier la petite bouteille d'osier que lui tendit le maître de forge. Chacun y porta fraternellement les lèvres à son tour ; puis les deux voyageurs commencèrent dans la meilleure intelligence à descendre la montagne.

CHAPITRE XVII.

XVII

Plus ils approchaient de l'endroit où les gendarmes étaient en embuscade, plus ils redoublaient de précautions pour que le bruit de leurs pas ne donnât pas l'alarme aux mystérieux habitants de la grotte. Quand ils quittèrent le grand chemin pour avancer de rocher en rocher jusqu'au bouquet du bois, ils virent des têtes apparaître silencieusement derrière chaque anfractuosité de la montagne. Au moment où ils touchèrent du pied la petite plate-forme où s'élevaient les trois chênes, celui qui était en sentinelle à ce poste demanda à voix basse en faisant craquer la batterie de sa carabine : — Qui vive ?

— C'est nous, Bourguignon, répondit le lieutenant ; est-ce que vous ne nous reconnaissez pas ? Eh bien, qu'y a-t-il de nouveau ?

— Rien, lieutenant ; ils n'ont pas bougé.

— Avez-vous entendu quelque chose ?

— Il y en a un qui a poussé des gémissements toute la nuit, comme s'il était sur le point de rendre l'âme... Nous entendions la voix d'un autre qui semblait l'encourager et le consoler.

— Voilà qui est bien singulier, reprit Van Baert. Cependant, messieurs, je crois qu'il fait déjà assez clair pour que vous agissiez sur-le-champ : il faut marcher à l'ennemi, qui ne me paraît pas très-dangereux pour le moment.

Le lieutenant approuva d'un geste, et Bourguignon fit signe à ses camarades qui apparurent comme par enchantement, sans cependant quitter encore le poste qui leur avait été assigné. Ils avaient jeté leurs manteaux pour être plus libres dans leurs mouments, et tous avaient leur carabine à la main, prêts à faire feu au besoin.

Sur l'ordre de leur chef, tous se rapprochèrent sans faire de bruit, de manière à former une ligne de plus en plus serrée autour du rocher. Le mouvement s'opéra en silence, et les soldats n'étaient plus qu'à une douzaine de pas environ de l'entrée de la grotte considérée comme centre, lorsque le lieutenant fit entendre le commandement de *halte!* d'un ton bref. Ceux que l'on traquait venaient enfin de s'éveiller, et un bruit de voix sorti de l'intérieur du rocher annonça que quelqu'un d'eux allait paraître.

En effet, une minute après, un homme en haillons, tout ébouriffé, se frottant les yeux des deux mains à la fois, comme s'il eût été éveillé en sursaut au plus fort de son sommeil, se montra à l'entrée de la grotte : c'était Sylvain. Il leva d'abord les yeux au ciel pour consulter le temps, suivant l'habitude commune aux campagnards et aux marins; puis il étendit les bras, ouvrit une bouche démesurée et fit entendre un long bâillement.

Mais tout à coup un changement complet s'opéra dans toute sa personne. En rabaissant les regards vers la terre, il venait d'apercevoir les gendarmes qui le cernaient de toutes parts. Or nous savons déjà qu'il y avait une haine mortelle dans le cœur de l'insensé pour tous ceux qui portaient cet uniforme. En les voyant si près de lui, au moment le plus inattendu, ses yeux se contournèrent d'une manière effrayante, son teint s'anima, ses lèvres se serrèrent, et il bondit en arrière comme s'il se fût trouvé subitement sur le bord d'un abîme. Puis, jetant un nouveau regard autour de lui, et ne voyant partout que des ennemis, il s'accula à une pointe de rocher qui formait une des parois de la grotte, et, sans pousser un cri, sans prononcer un mot, il tira de sa poche un de ces terribles couteaux poignards que les Aveyronnais appellent *capuchadous*, et il se prépara dans un calme farouche à faire une énergique résistance.

A cette vue, tous les gendarmes s'élancèrent sans attendre d'ordre pour le désarmer. Mais M. Van Baert, qui, debout à quelque distance, contemplait froidement cette scène, vit d'un coup d'œil que, s'il laissait les agents de la force publique se livrer à leur ardeur, l'arrestation de Sylvain ne pourrait avoir lieu sans une effusion de sang qu'il voulait éviter. Les abords de la grotte étaient difficiles et rocailleux; d'un autre côté, Sylvain, comme nous l'avons dit, était de haute taille et d'une force athlétique, il avait l'avantage du terrain, et il était plus que probable que le premier qui arriverait à sa portée sentirait l'atteinte de son couteau avant que les autres eussent pu venir au secours. Aussi cria-t-il d'une voix impérieuse :

— Arrêtez, messieurs, arrêtez donc. Il est inutile d'employer la violence quand on peut se servir des moyens de douceur. Diable! vous ne connaissez pas la puissance d'une pareille arme dans les mains de ce gaillard-là ! Il est certain que l'un de vous au moins la connaîtrait à ses dépens..

— Les gendarmes s'arrêtèrent encore d'un air mécontent et comme ennuyés de toutes les lenteurs du prudent maître de forges. Celui-ci, sans s'inquiéter de leurs murmures, s'avança d'un pas aussi ferme que possible, vers le vieil insensé, qui attendait dans un silence menaçant ce qui allait se passer.

— Eh bien, qu'est-ce que cela, Sylvain? dit-il d'une voix sévère. Ne savez-vous pas que j'ai défendu dans toute la commune de porter sur soi de pareils couteaux? Voyons, remettez-moi tranquillement votre capuchadou, et ne faites pas de résistance, car vous voyez quelle est inutile.

Le vagabond reconnut sur-le-champ M. Van Baert, et, quittant son attitude menaçante, il porta la main à son front pour y chercher le vieux chapeau déchiré qu'il portait d'ordinaire. Autant il avait horreur des gendarmes, autant il respectait l'honnête homme qui était devant lui et qui plus d'une fois lui avait fait l'aumône. Cependant il ne livra point le couteau que le maître de forge lui demandait si impérieusement, et il répondit avec cette espèce de dignité mystique qui était un des caractères extérieurs de sa folie :

— Avec quoi donc se défendra l'archange Michel ! si vous lui prenez son capuchadou?

— Il est bien question de l'archange Michel, reprit M. Van Baert avec impatience; voyons, exécutez-vous de bonne grâce, ou sinon...

— Ah! vous ne savez pas, reprit Sylvain en relevant la tête avec orgueil, que c'est moi qui suis l'archange Michel! Je puis le dire maintenant, ma mission est finie... Dieu m'avait donné le pouvoir de brûler sept maisons dans cette commune, parce que la commune avait péché... Mais Dieu m'a puni à mon tour parce que j'ai mis le feu aux forges de Boussac!... C'est le *jeune homme*, vous savez? qui me l'a dit. Aussi vous ne croyez pas que je suis l'archange Michel, parce que je n'ai plus mes ailes dorées et ma lance de feu...

— Mais, vieux radoteur que vous êtes, interrompit le maître de forges, oubliant dans sa colère qu'il s'adressait à un fou incapable de le comprendre, vous n'êtes pas plus l'archange Michel que je ne suis le grand Turc, et si vous avez eu jamais des ailes, ce n'a pu être que des ailes d'oison... Je sais bien que ce n'est pas avec votre lance de feu que vous avez brûlé tant de fermes et que vous avez été sur le point de me griller moi-même avec ma maison et tout mon monde, mais bien avec des mêches soufrées que vous alliez faire dans les montagnes et que vous jetiez par-dessus les murailles... Mais je me laisse là emporter! Voyons, livrez-moi votre couteau de bonne grâce, ou il vous arrivera malheur.

— Mais, reprit Sylvain en baissant la voix et en désignant du geste l'entrée de la grotte, qui donc le défendra, *lui*, si je n'ai plus mon capuchadou?

— Mais de qui donc parlez-vous? demanda le maître de forges, qui dans le premier moment avait oublié que Sylvain avait un compagnon.

Une voix faible et souffrante appela Sylvain de l'intérieur du rocher.

— L'entendez-vous? dit l'insensé d'un air mystérieux, c'est moi qui l'ai caché là! Quand je le trouvai là-bas dans l'eau, il était presque mort... J'ai mis sur sa blessure des herbes que je connais, et il va mieux... mais il ne faut pas que les autres le voient, ils l'amèneraient et ils le tueraient, comme Laurent.

On appela encore Sylvain, et M. Van Baert tressaillit; le son de cette voix, quoique altéré par la souffrance, était bien celui de Léon. Le maître de forges, oubliant tout le reste, s'avançait déjà pour éclaircir ses soupçons, quand tout à coup l'habitant de la grotte lui-même parut à l'entrée.

C'était en effet le mystérieux jeune homme qu'on n'avait pas revu depuis le moment où l'incendie de l'usine avait cessé. Il n'était pas difficile de reconnaître en lui l'ouvrier courageux de la nuit précédente, car il était encore dans le même équipage qu'au moment où on l'avait vu travailler avec tant d'ardeur à saper la muraille de la cour au charbon. Un de ses bras était soutenu par sa cravate attachée en forme d'écharpe, et il se servait de l'autre pour s'appuyer péniblement contre la paroi de la caverne, comme s'il n'eût pas eu la force de marcher. Ses vêtements étaient tachés de sang en plusieurs endroits, et il était pâle comme un mourant.

Il jeta un regard lent et douloureux autour de lui, et en apercevant les gendarmes qui cernaient le rocher, il poussa un cri de terreur. M. Van Baert courut à lui en s'écriant avec joie : — Ah! c'est vous, enfin! Je savais bien que vous existiez encore!

Mais ces paroles ne furent pas entendues, et les gendarmes voyant le maire s'élancer vers le jeune étranger, crurent qu'il voulait s'emparer de lui. Tous coururent donc à la fois vers la grotte, et en un clin d'œil Sylvain, occupé de ce qui se passait entre le maître de forges et Léon, fut saisi et désarmé avant d'avoir pu faire aucune résistance. Quelques-uns, parmi lesquels était Bourguignon, voulurent aussi porter la main sur Léon, qui, vaincu par la faiblesse et la douleur, ne se soutenait qu'avec le secours du bon maître de forge, mais celui-ci les repoussa avec violence et dit d'une voix forte et sévère :

— Ce jeune homme est mon meilleur ami ; c'est lui qui, avant-hier, a sauvé ma fortune par le plus admirable dévueoment. Je défends que personne le touche...

— Mais, monsieur le maire, dit Bourguignon avec insistance, ce jeune homme est le prisonnier qu'on avait confié à ma garde et qui s'est échappé ; la compagnie dans laquelle on le trouve...

— Silence ! dit le lieutenant Quentin ; M. Van Baert commande seul ici, et il est seul responsable vis-à-vis de l'autorité : ceci ne nous regarde plus.

— Je vous remercie, monsieur Van Baert, dit Léon avec un sourire de bonheur.

— Ce n'est pas tout, reprit le maître de forge ; M. Léon est malade, blessé par suite de la courageuse entreprise qui a sauvé ma forge ; je veux qu'il n'ait pas d'autre maison que la mienne, et on va le transporter sur-le-champ chez moi...

Léon s'agita avec inquiétude et fit signe qu'il voulait parler en particulier à M. Van Baert. Tout le monde s'éloigna de quelques pas.

CHAPITRE XVIII.

XVIII

Dès que M. Van Baert et Léon furent seuls, le jeune homme reprit à voix basse :

— Je vous remercie mille fois encore, monsieur, de votre générosité, mais je ne puis accepter cette faveur... Je ne puis demeurer chez vous... Si vous saviez...

— Je sais tout ce qui vous concerne, Léon, répondit de même le maître de forge. Je sais que le pauvre enfant abandonné, sans parents, sans amis, a voulu voir une fois sa mère et sa sœur, qu'il ne connaissait pas... que ses démarches secrètes afin de ne pas troubler la tranquillité d'une famille qui le repoussait ont donné lieu à d'absurdes soupçons, et que le pauvre enfant, plutôt que de compromettre les personnes qui lui étaient si chères, a préféré...

— Oh! mon Dieu! mais elle a tout deviné... elle vous a tout dit...

— De plus, comme j'ai de grands torts à réparer envers vous, je veux que vous me deviez votre bonheur à venir... je veux d'abord qu'on vous transporte chez moi; votre mère et votre sœur, qui vous aiment déjà, vous serviront de garde-malade, et plus tard, moi, je vous demanderai si vous voulez que je vous adopte pour mon fils...

Léon, en écoutant ces paroles, se jeta dans les bras du bon M. Van Baert et ne put que murmurer :

— Ah! c'est trop, c'est trop... mon père!

Pour tous les assistants et même pour le lieutenant Quentin, cette scène, ces larmes, cette intimité qui semblait régner entre M. Van Baert et le jeune inconnu étaient inexplicables. Cependant, après avoir attendu avec déférence que leur émotion à tous les deux eût eu le temps de se calmer, le lieutenant s'approcha du maître de forge et lui dit en lui montrant le vieux Sylvain lié et étroitement gardé par les gendarmes à quelques pas de là :

— Je pense, monsieur, qu'il n'y a aucun doute que ce malheureux ne soit véritablement le seul auteur des incendies qui ont éclaté dans cette commune. On vient encore de trouver sur lui plusieurs de ces mèches soufrées dont il s'est servi pour commettre les crimes dont on l'accuse. Je vais, si vous le voulez bien, donner l'ordre qu'on le conduise à Rhodez, où les médecins n'auront pas de peine à constater son état d'aliénation mentale...

— Ordonnez, mon cher, et surtout qu'on veille bien sur lui... Diable, s'il s'échappait, je crois qu'il n'aurait pas pour moi des intentions très-bienveillantes, et s'il s'avisait d'essayer encore une fois de brûler ma pauvre usine...

— Monsieur Van Baert, dit Léon à son tour en se rapprochant avec peine des deux interlocuteurs, je sais que cet homme a été la cause de bien des malheurs et que la sécurité du pays exige qu'on lui enlève sa liberté. Cependant permettez-moi d'appeler votre pitié sur un pauvre insensé qui n'avait plus l'usage de sa raison lorsqu'il plongeait tant de familles dans le deuil. Peut-être des soins, de la douceur, le ramèneront-ils à la raison et à des sentiments d'humanité... Enfin, ajouta-t-il en baissant la voix, souffrez que je vous rappelle que c'est à cet infortuné que j'ai dû la vie, pendant cette nuit terrible où j'eus le bonheur de vous rendre service; au moment où les eaux se précipitèrent dans la brèche que je venais d'ouvrir, il s'éleva de la houille embrasée un tourbillon de vapeur ardente qui me suffoqua; je voulus me cramponner aux débris de la muraille, mais j'étais déjà blessé au bras et je ne pus conserver l'équilibre; je tombai dans la rivière, où j'eusse péri sans doute, si cet homme qui m'observait à quelque distance et qui en allumant cet incendie n'avait eu d'autre but, il faut bien que je l'avoue, que de trouver une occasion de me délivrer au milieu du tumulte, ne se fût exposé à périr pour me sauver. Il m'a porté ici, croyant que je ne pourrais trouver un asile plus sûr que celui qu'il m'offrait, il a veillé sur moi, il m'a prodigué tous les faibles secours dont il pouvait disposer..... Enfin, monsieur, quelque coupable que soit cet homme, je vous supplie d'employer tout votre pouvoir pour qu'il ne soit pas traité avec trop de rigueur...

M. Van Baert sourit avec bonté.

— C'est bien, Léon, répondit-il, je vois que vous n'êtes pas ingrat pour les services qu'on a pu vous rendre, et je vous promets de ne pas oublier votre recommandation... Mais il est déjà tard, et vous pouvez faire vos adieux à ce malheureux pendant que je vais aviser au moyen de vous faire transporter chez moi sans fatigue pour vous, car votre faiblesse ne vous permettrait pas de marcher jusqu'à Boussac.

En même temps il s'éloigna de quelques pas et se mit à causer à voix basse avec Quentin. Léon, épuisé par les efforts qu'il avait faits jusqu'ici pour ne pas défaillir, s'assit sur une pierre à l'entrée de la grotte et appuya son front contre le rocher ; puis il fit signe au vagabond d'approcher, car il ne pouvait aller à lui. Sylvain, toujours accompagné des deux gendarmes qui se tenaient à ses côtés, bien qu'il fût lié de manière à ne pouvoir se servir de ses mains, s'avança d'un air indifférent, et Léon lui dit d'une voix faible et sans changer d'attitude :

— Sylvain ! pauvre Sylvain ! Dieu vous a-t-il laissé assez d'intelligence pour comprendre mes paroles ? Quand j'étais sans appui, persécuté, prisonnier, vous seul, sans en savoir la cause sans doute, vous vous êtes intéressé à moi, vous m'avez défendu, protégé, vous avez exposé votre vie pour moi, vous m'avez aimé comme votre enfant..... Vous ne pouvez m'entendre, et cependant je souhaiterais que si jamais Dieu vous accordait un moment de raison, vous puissiez vous souvenir que dans l'état d'abaissement où vous êtes tombé, il y a quelqu'un qui vous aime et qui ne vous oubliera pas...

Mais ces simples et touchantes paroles furent perdues pour l'insensé ; aucune corde ne vibrait plus dans son âme brisée.

— Vous avez raison, monsieur, répondit-il d'un ton sombre, l'archange Michel a péché et Dieu le punit. Mais cette punition ne durera pas... Il paraît que ceux-là ne vous feront pas de mal; c'est bien. Venez plus tard me trouver dans le Tindoul ou ici... l'archange Michel vous protégera encore. Adieu!

Léon détourna la tête, comme si cet état de dégradation d'une intelligence humaine eût produit sur lui une douloureuse impression, et les gendarmes commencèrent à entraîner leur prisonnier vers le grand chemin.

En ce moment le soleil se débarrassant des nuages de pourpre qui l'avaient enveloppé jusque-là, se montra radieux au-dessus de la montagne et illumina tout à coup le paysage. Cette nature, tout aride et triste qu'elle était, recevait en ce moment des personnages de cette histoire une animation extraordinaire qui lui donnait un caractère pittoresque et original. Les gendarmes avec leur costume aux couleurs éclatantes et leurs armes qu'on voyait briller d'une grande distance, formaient des groupes variés et mobiles, et quelques paysans de la campagne voisine où le bruit de cette petite expédition s'était répandu dès la veille, se montraient çà et là sur les hauteurs et regardaient avec curiosité ce qui se passait autour de la grotte.

M. Van Baert, toujours occupé du désir de faire transporter Léon à l'usine, cherchait du regard parmi les curieux quelques hommes de connaissance à qui il pût confier cette mission, lorsque tout à coup il aperçut sur le grand chemin une voiture qui descendait la montagne avec rapidité. A cette vue il s'approcha vivement de Léon d'un air joyeux :

— Courage, mon enfant, s'écria-t-il ; voilà ce que j'avais prévu ! ces dames ont appris en s'éveillant la cause de mon absence, et elles accourent bien vite, comme si j'avais grand besoin de leurs secours... Cependant cette fois elles ont été bien inspirées en venant me troubler dans les fonctions de ma charge ; elles vous conduiront jusqu'à Boussac dans leur calèche...

Dès les premiers mots du maître de forge,

Léon s'était levé. La force lui était revenue comme par enchantement, et il resta debout, les bras tendus vers la route que suivaient les voyageuses, le visage animé d'une sublime expression de joie. Bientôt la voiture s'arrêta en face de la grotte, madame et mademoiselle Van Baert en descendirent précipitamment, et, apercevant le maître de forge qui s'avançait au-devant d'elles, elles se jetèrent dans ses bras en s'écriant toutes les deux à la fois :

— Mon père ! — Mon ami ! pourquoi vous exposer ainsi ? Nous étions dans des inquiétudes mortelles...

M. Van Baert, sans répondre, les prit l'une et l'autre par la main et les entraîna rapidement vers Léon, qu'elles n'avaient pas encore remarqué. En le reconnaissant, la mère et la fille poussèrent un cri de joie et voulurent s'élancer ; mais la vue de plusieurs personnes qui étaient encore autour de lui les intimida tout à coup, et elles s'arrêtèrent toutes pâles et frémissantes, les yeux fixés sur lui.

M. Van Baert les devina et reprit assez haut pour être entendu des assistants :

— Ma femme, ma fille, voici celui qui a sauvé notre usine au péril de sa vie ; vous devez aussi des remercîments à notre courageux ami ; embrassez-le, vous, Cécile, comme un fils, vous, Anna, comme un frère.

Les deux femmes toutes tremblantes d'émotion déposèrent un baiser sur le front du jeune homme, qui, au comble du bonheur, ne put que prononcer bien bas : « Ma mère, ma sœur, » et tomba évanoui dans les bras de ceux qui l'entouraient...

On le transporta dans la voiture, où il ne tarda pas à reprendre ses sens ; au moment où il passait près d'un groupe de gendarmes,

Bourguignon disait d'un air piteux à l'un de ses camarades :

— Le diable emporte ce M. Léon Tout-Court! il m'a toujours porté malheur : j'ai eu deux jours d'arrêts pour l'avoir arrêté, et maintenant je vais passer peut-être au conseil de guerre pour n'avoir pas su le garder... C'est du guignon.

— Eh bien, grand Christophe, demandait le blond-roux au vétéran d'un air narquois, croyez-vous toujours qu'il n'y a d'autre incendiaire dans cette commune que le feu souterrain et le soleil?

— Tais-toi, répondit brusquement le grand Christophe; mon opinion ne te regarde pas; c'est mon opinion.

Quinze jours après ces événements, Léon, parfaitement rétabli, prenait congé de toute la famille Baert et du lieutenant Quentin, qui avait été mis au fait de cette triste histoire.

Tous pleuraient et Madame van Baert surtout était en proie à un profond désespoir. Léon, prêt à monter sur un cheval qui l'attendait à la porte de l'usine, disait à voix basse avec résignation :

— Du courage, ma mère, du courage ! c'est pour votre bonheur à tous qu'il faut que je m'éloigne, malgré vos instances. Ma présence ici ne peut vous rappeler que des idées pénibles, qui empoisonneraient votre tranquillité. Adieu, ma mère, adieu, ma sœur; ce que je puis vous souhaiter de plus heureux est que vous m'oubliiez tout à fait; pour moi, je ne vous oublierai pas. Adieu aussi, monsieur van Baert; le souvenir de vos bontés et de votre générosité ne me quittera plus. Vous, monsieur Quentin, je vous confie le bonheur d'Anna; vous savez que, sur ma prière, elle ne refuse plus de vous accorder sa main, à condition que vous donnerez sur-le-champ la démission de votre emploi. Adieu, tous mes amis, ma famille, et... soyez heureux.

Il les embrassa avec effusion et s'élança sur son cheval.

— Léon, Léon! s'écria sa mère avec terreur au moment où il allait partir, ne reviendras-tu pas un jour nous voir, nous embrasser?...

— Jamais!

Et il partit au galop, sans oser retourner la tête.

FIN DU DEUXIÈME ET DERNIER VOLUME.

A LA MÊME LIBRAIRIE.

LE PRINCE
FRANCISQUE

Roman historique entièrement inédit,

PAR

FABRE D'OLIVET,

7 magnifiques volumes in-8° (*complet*). Prix : 52 fr. 50 c.

Cet ouvrage n'est pas seulement un roman, c'est aussi une histoire. Le récit des événements, la peinture des caractères, la physionomie des personnages, en recevront un nouvel intérêt, et sauront réunir au charme d'une action dramatique et passionnée, l'attrait plus sérieux qui s'attache à des faits réels, authentiques, et dont l'exactitude est prouvée. C'est sur les Mémoires mêmes laissés par le prince Francisque Rakotzi, sur les écrits des personnages contemporains, sur les pièces officielles existant dans les chancelleries de France et d'Allemagne, que l'auteur a travaillé. — Le lecteur pourra donc le suivre avec confiance jusqu'à la fin du livre ; c'est là qu'il trouvera, suivant l'habitude contractée par l'auteur dans ses précédents ouvrages, les extraits des nombreux et intéressants documents qu'il a consultés, et il pourra uger par lui-même de la fidélité du récit.

L'AMOUR, LES FEMMES ET LE MARIAGE,

PENSÉES DE TOUTES COULEURS

Recueillies et publiées par Adolphe RICARD.

1 vol. in-12 de 400 pages. 3 fr.

CRÉTÉ, imprimeur à CORBEIL.

www.ingramcontent.com/pod-product-compliance
Lightning Source LLC
Chambersburg PA
CBHW072016150426
43194CB00008B/1136